ALMANACH
DE
LA CHANCE
et de
La Vie Mystérieuse
pour l'année 1910

Publié sous la Direction de

PAPUS ET DONATO

Almanach astrologique. — Horoscope de l'année 1910. — La Main de Fatme. — COMMENT ON COMMUNIQUE AVEC LES MORTS : LE BUREAU JULIA, par Papus. — Signes secrets de la Femme. — ADIEU MANDINE, conte télépathique par A. Savine. — MAGNÉTISME, HYPNOTISME, par le Professeur Donato. — LA GRAPHOLOGIE DES JEUNES FILLES, par Papus, etc., etc.

50 ILLUSTRATIONS

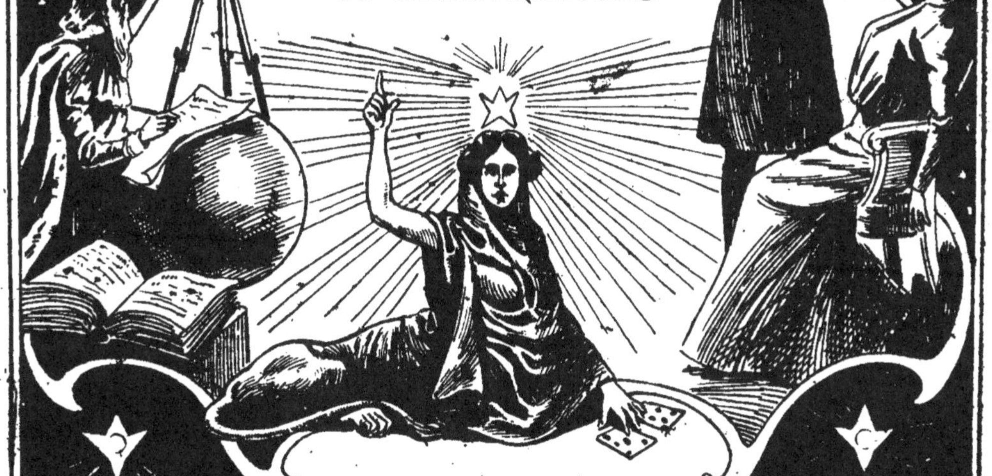

LIBRAIRIE HERMÉTIQUE
4, rue de Furstenberg, 4 — PARIS

Découvrez l'histoire par les archives de presse

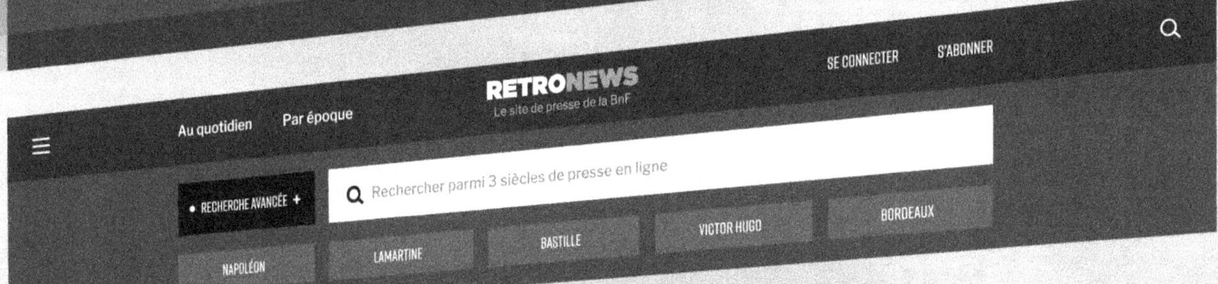

RETRONEWS

Le site de presse de la BnF

www.retronews.fr

ALMANACH

DE LA CHANCE

et de

La Vie Mystérieuse

pour 1910

ALMANACH DE LA CHANCE

et de la Vie Mystérieuse

INTRODUCTION

*Il y a des gens qui ont naturelle-
ment de la chance, il y en a d'autres
qui pourraient en avoir beaucoup et
qui ne la fixent pas au bon moment.*

*Il faut connaître les jours de chance,
et posséder ainsi un moyen facile et
rapide de réussir dans la vie.*

*Or, sous une apparence futile pour
les profanes, rien n'est plus sérieux
que d'augmenter le bonheur terrestre
des désespérés et des désemparés que
l'ignorance aveugle encore.*

*Voilà pourquoi nous offrons ce pe-
tit ouvrage aux curieux des choses
mystérieuses.*

*Chaque jour de l'année est analysé
d'après la chance qui s'y trouve ; si
vous pouvez attendre, commencez vos
affaires de préférence les jours de
grande chance, évitez de commencer
une entreprise sérieuse un jour égyp-
tiaque où la chance est nulle. Si vous
ne pouvez attendre, corrigez l'influence
de ce jour par les objets de chance
planétaire favorables.*

*A cet effet chaque mois astrologi-
que allant du 21 au 20 est précédé de
la liste de tous les objets magiques
utiles à connaître dans les trois rè-
gnes. Les pierres précieuses de chaque
mois ont été déterminées d'après l'antique tradition égyptienne.*

*Enfin le caractère de chaque per-
sonne d'après le jour de naissance
est déterminé ; c'est là une indication
et non un horoscope fatal.*

*Une dernière colonne indique le
temps probable pour chaque lunaison.*

*Nous avons apporté un soin tout
particulier aux chapitres qui accom-
pagnent notre almanach de 1910. Le
tableau des mouvements planétaires a
été reproduit pour les astrologues ;
l'horoscope de l'année a été dressé par
Phaneg ; Jean Mavéric a établi les
correspondances des caractères selon
le jour de la semaine et le mois de la
naissance ; la graphologie des jeunes
filles, les si intéressantes communications du professeur Donato, la section
littéraire et les chapitres sur l'Evoca-
tion des Esprits, les recherches ono-
mantiques, etc., etc., font de cet almanach une curiosité utile à tous et qui
deviendra vite très rare. N'oubliez
pas les bons et les combinaisons de
librairie qui remboursent amplement
l'achat minime de ce compendium de
la chance dans tous les plans.*

PAPUS.

ALMANACH DE LA CHANCE

Pour chaque jour de l'année 1910

21 Décembre 1909 au 21 Janvier 1910

CAPRICORNE

Tempérament du signe. — *Froid sec.*

Objets de chance pour le mois { Végétaux. . . . Pɪɴ.
Animaux. . . . Hᴇʀᴏɴ.
Pierres précieuses. Cʜʀʏsᴏʟɪᴛʜᴇ.

Décembre 1909	Jours de la semaine	Chance du Jour	Caractère donné par le jour de naissance	
21	M	Chance moyenne		
22	M	Chance moyenne		
23	J	Chance moyenne		
24	V	Chance moyenne		
25	S	Chance moyenne		
26 ᴘʟ	D	Grande chance		
27	L	Grande chance		
28	M	Grande chance		
29	M	Grande chance		
30	J	Grande chance		
31	V	Grande chance		
Janvier 1910				
1	S	Chance nulle (jour Egyptiaque)	Célère	
2	D	Grande chance	Carnassier	
3 ᴅǫ	L	Petite chance	Querelleur	
4	M	Petite chance	Noble	
5	M	Petite chance	Sans crédit	
6	J	Petite chance	Querelleur	
7	V	Petite chance	Pusillanime	
8	S	Petite chance	Se reposera lorsqu'il faudrait travailler	
9	D	Petite chance	Orgueilleux	
10	L	Petite chance	Savant	
11 ɴʟ	M	Ch. presque nulle	Agricole	
12	M	Ch. presque nulle	Amoureux	
13	J	Ch. presque nulle	Artisan	
14	V	Ch. presque nulle	Noble	
15	S	Ch. presque nulle	Travaillera dans les forêts	
16	D	Ch. presque nulle	Débile	
17	L	Ch. presque nulle	Riche	
18 ᴘǫ	M	Chance moyenne	Joyeux	
19	M	Chance moyenne	Commencera et jamais ne finira	
20	J	Chance moyenne	Oiseleur	

21 Janvier 1910 au 21 Février 1910

VERSEAU

Tempérament du signe. — *Chaud humide.*

Objets de chance pour le mois.
- Végétaux. . . . GÉRANIUM.
- Animaux. . . . PAON.
- Pierres précieuses. ONYX.

Janvier 1910	Jours de la semaine	Chance du jour	Caractère donné par le jour de naissance	
21	V	Chance moyenne	Triste	
22	S	Chance moyenne	Pleine de douleur	
23	D	Chance moyenne	Marchand	
24	L	Chance moyenne	Inquiet	
25 PL	M	Grande chance	Gesticulateur	Gelée
26	M	Grande chance	Guerrier	
27	J	Grande chance	Impatient	
28	V	Grande chance	Fainéant	
29	S	Grande chance	Sans crédit	
30	D	Grande chance	Noble, sans crédit	
31	L	Grande chance	Favori du roi	
Février				
1	M	Grande chance	Favori du roi	
2 DQ	M	Petite chance •	Querelleur ou voleur	Gelée et brouillard
3	J	Petite chance	Triste	
4	V	Chance nulle (jour Egyptiaque)	Querelleur	
5	S	Petite chance	Travaillera au feu	
6	D	Petite chance	Infirme et fainéant	
7	L	Petite chance	Envieux	
8	M	Petite chance	Sera puissant	
9	M	Petite chance	Débile	
10 NL	J	Ch. presque nulle	Infirme	Pluie et verglas
11	V	Ch. presque nulle	Maléficieux	
12	S	Ch. presque nulle	Enjoué	
13	D	Ch. presque nulle	Triste	
14	L	Ch. presque nulle	Voleur et assassin	
15	M	Ch. presque nulle	Inconstant	
16 PQ	M	Chance moyenne	Ferme dans ses résolutions	Humide et couvert
17	J	Chance moyenne	Joyeux	
18	V	Chance moyenne	Querelleur	
19	S	Chance moyenne	Régnera paisiblement	
20	D	Chance nulle (jour Egyptiaque)	Querelleur et inconstant	

21 Février 1910 au 21 Mars 1910

POISSONS

Tempérament du signe. — *Froid humide.*

Objets de chance pour le mois
- Végétaux. . . . ORME.
- Animaux. . . . CYGNE.
- Pierres précieuses. JASPE.

Février	Jours de la semaine	Chance du jour	Caractère donné par le jour de naissance	
21	L	Chance moyenne	Rustique	
22	M	Chance moyenne	Boulanger	
23	M	Chance moyenne	Sans crédit	
24 PL	J	Grande chance	Enjoué	Inconstant.Neige
25	V	Grande chance	Avare	
26	S	Grande chance	Gardien d'un temple	
27	D	Grande chance	Baigneur	
28	L	Grande chance	Religieux	
Mars				
1	M	Chance nulle (jour Égyptiaque)	Fainéant	
2	M	Grande chance	Oisif	
3	J	Grande chance	Ouvrier	
4 DQ	V	Petite chance	Se préparant à un procès	Variable
5	S	Petite chance	Noble	
6	D	Petite chance	Sans intelligence	
7	L	Petite chance	Querelleur	
8	M	Petite chance	Sera cause de sa mort	
9	M	Petite chance	Inconstant	
10	J	Petite chance	Homicide	
11 NL	V	Ch. presque nulle	Impudique	Fâcheux. Grêle
12	S	Ch. presque nulle	Inconstant	
13	D	Ch. presque nulle	Lascif	
14	L	Ch. presque nulle	Querelleur	
15	M	Ch. presque nulle	Homicide	
16	M	Ch. presque nulle	Impudique	
17	J	Ch. presque nulle	D'une grande subtilité	
18 PQ	V	Chance moyenne	Inconstant	Pluie par intervalles
19	S	Chance moyenne	Orgueilleux et peu chaste	
20	D	Chance moyenne	L'enfant naîtra laborieux et guerrier	

21 Mars 1910 au 21 Avril 1910

BÉLIER

Tempérament du signe. — *Chaud. Sec.*

Objets de chance pour le mois
{ Végétaux. . . . Olivier.
{ Animaux. . . . Chèvre. Chouette.
{ Pierres précieuses. Améthyste.

Mars	Jours de la semaine	Chance du Jour	Caractère donné par le jour de naissance	
21	L	Chance moyenne	Envieux et querelleur	
22	M	Chance moyenne	Pacifique	
23	M	Chance moyenne	Dissipateur	
24	J	Chance moyenne	Père de famille	
25 PL	V	Grande chance	Surpassera ses parents et ses voisins	Assez beau, mais froid
26	S	Grande chance	Inquiet et défiant	
27	D	Grande chance	Disputeur et homicide	
28	L	Chance nulle (jour Egyptiaque)	Parleur qui s'admirera	
29	M	Grande chance	Chasseur	
30	M	Grande chance	Hospitalier	
31	J	Grande chance	Ambitieux	
Avril				
1	V	Grande chance	Ambitieux	
2	S	Grande chance	Homme admirable	
3 DQ	D	Petite chance	Souvent prisonnier	Variable
4	L	Petite chance	Enclin à voler et à se cacher	
5	M	Petite chance	Cultivateur ou pêcheur	
6	M	Petite chance	Délicat	
7	J	Petite chance	Pacifique	
8	V	Petite chance	Enclin à voler et à se cacher	
9 NL	S	Ch. presque nulle	Malicieux	Fâcheux. Grêle
10	D	Chance nulle (jour Egyptiaque	Compagnon fidèle	
11	L	Ch. presque nulle	Mauvais compagnon	
12	M	Ch. presque nulle	Aura beaucoup d'ennemis	
13	M	Ch. presque nulle	Désirera se marier	
14	J	Ch. presque nulle	Voudra dominer sur ses concitoyens	
15	V	Ch. presque nulle	Obtiendra l'autorité suprême.	
16 PQ	S	Chance moyenne	Sera puissant dans sa vieillesse	Inconstant. Giboulées
17	D	Chance moyenne	Doux et gai	
18	L	Chance moyenne	Se donnera beaucoup de mal pour gagner sa vie	
19	M	Chance moyenne	Voudra régner sur ses semblables	
20	M	Chance nulle (jour Egyptiaque)	Carnassier	

21 Avril 1910 au 21 Mai 1910

TAUREAU

Tempérament du signe. — *Froid sec.*

Objets de chance pour le mois { Végétaux. . . . MYRTHE.
Animaux. . . . COLOMBE.
Pierres précieuses. ÉMERAUDE.

Avril	Jours de la semaine	Chance du jour	Caractère donné par le jour de naissance	
21	J	Chance moyenne	Fainéant	
22	V	Chance moyenne	La femme voudra prendre un mari dans sa vieillesse et vice versa	
23	S	Chance moyenne	Irascible	
24 PL	D	Grande chance	Hospitalier	Beau mais nuageux
25	L	Grande chance	Sage et célèbre	
26	M	Grande chance	Orgueilleux	
27	M	Grande chance	Triste et abject	
28	J	Grande chance	Gardien de troupeaux	
29	V	Grande chance	Fainéant et voluptueux	
30	S	Grande chance	Avare	
Mai				
1	D	Grande chance	Complaisant	
2 DQ	L	Petite chance	Querelleur	Beau et frais
3	M	Chance nulle (jour Égyptiaque)	Jugera les procès	
4	M	Petite chance	Inconstant	
5	J	Petite chance	Lent et paresseux	
6	V	Petite chance	Mènera une vie très laborieuse	
7	S	Petite chance	Violent	
8	D	Petite chance	Donnera de trompeuses paroles	
9 NL	L	Ch. presque nulle	Envieux	Variable
10	M	Ch. presque nulle	Malveillant et irascible	
11	M	Ch. presque nulle	Inhumain	
12	J	Ch. presque nulle	Malheureux en toutes choses	
13	V	Ch. presque nulle	Faible de caractère	
14	S	Ch. presque nulle	D'un caractère femme	
15	D	Ch. presque nulle	Pacifique	
16 PQ	L	Chance moyenne	Amassera des richesses	Passablem. beau
17	M	Chance moyenne	Voudra dominer sur les autres	
18	M	Chance moyenne	Voudra commander à son mari	
19	J	Chance moyenne	Bonne action	
20	V	Chance moyenne	Gai	

21 Mai 1910 au 21 Juin 1910

GÉMEAUX

Tempérament du signe. — *Chaud humide.*

Objets de chance pour le mois
{ Végétaux. . . . LAURIER.
{ Animaux. . . . SINGE.
{ Pierres précieuses. TOPAZE.

Mai	Jours de la semaine	Chance du jour	Caractère donné par le jour de naissance	
21	S	Chance moyenne	Prendra les voleurs	
22	D	Chance moyenne	Agréable en société	
23	L	Chance moyenne	Hospitalier	
24 PL	M	Grande chance	Guerrier	Orageux
25	M	Chance nulle (jour Egyptiaque)	Commerçant	
26	J	Grande chance	Se mariera	
27	V	Grande chance	Fuiera le travail	
28	S	Grande chance	Obtiendra du commandement	
29	D	Grande chance	S'accordera au caractère de tout le monde	
30	L	Grande chance	S'adressera à la science des augures	
31 DQ	M	Petite chance	Triste	Couvert. Frais
Juin				
1	M	Petite chance	Triste	
2	J	Petite chance	Envieux et avare	
3	V	Petite chance	Gourmand et avare	
4	S	Petite chance	Sensuel	
5	D	Petite chance	Travaillera sans fruit	
6	L	Petite chance	Homme nul	
7 NL	M	Ch. presque nulle	Toujours travaillera	Chaleur
8	M	Ch. presque nulle	Voyageur	
9	J	Ch. presque nulle	Sage	
10	V	Chance nulle (jour Egyptiaque)	Vassal d'un grand	
11	S	Ch. presque nulle	Ciseleur	
12	D	Ch. presque nulle	Malheureux et fainéant	
13	L	Ch. presque nulle	Gai	
14 PQ	M	Chance moyenne	Studieux	Variable. Chaud.
15	M	Chance moyenne	Processif	
16	J	Chance nulle (jour Egyptiaque)	Vagabond	
17	V	Chance moyenne	Laborieux	
18	S	Chance moyenne	Homme de chasse	
19	D	Chance moyenne	Homme de vénerie	
20	L	Chance moyenne	Gai, aimable	

21 Juin 1910 au 21 Juillet 1910

CANCER

Tempérament du signe. — *Froid humide.*

Objets de chance pour le mois
{ Végétaux. . . . COUDRIER.
Animaux. . . . CHIEN.
Pierres précieuses. ESCARBOUCLE.

Juin	Jours de la semaine	Chance du jour	Caractère donné par le jour de naissance	
21	M	Chance moyenne	Fainéant	
22 PL	M	Grande chance	Serviable	Nuageux. Tendance à l'orage
23	J	Grande chance	Libertin	
24	V	Grande chance	Luxurieux	
25	S	Grande chance	Impertinent	
26	D	Grande chance	Carnassier	
27	L	Grande chance	Paresséux et lascif	
28	M	Grande chance	Laborieux	
29	M	Grande chance	Laborieux	
30 DQ	J	Petite chance	Pêcheur	Beau
Juillet				
1	V	Petite chance	Cordonnier	
2	S	Petite chance	Studieux	
3	D	Petite chance	Orfèvre	
4	L	Petite chance	Casanier	
5	M	Petite chance	Joyeux	
6 NL	M	Ch. presque nulle	Paresseux	Assez beau
7	J	Ch. presque nulle	Joyeux	
8	V	Ch. presque nulle	Histrion	
9	S	Ch. presque nulle	Paresseux	
10	D	Ch. presque nulle	S'occupera de choses vendues	
11	L	Ch. presque nulle	Paresseux	
12	M	Ch. presque nulle	Inconstant	
13	M	Chance nulle (jour Egyptiaque)	Voudra obtenir les honneurs suprêmes	
14 PQ	J	Chance moyenne	Inconstant	Pluie
15	V	Chance moyenne	Variant	
16	S	Chance moyenne	Sera en servitude	
17	D	Chance moyenne	Fainéant	
18	L	Chance moyenne	Voleur	
19	M	Chance moyenne	Nautonnier ou pêcheur	
20	M	Chance moyenne	Courageux	

21 Juillet 1910 au 21 Août 1910

LION

Tempérament du signe. — *Chaud sec.*

Objets de chance pour le mois
- Végétaux. . . . . CHÊNE VERT.
- Animaux. . . . . LION.
- Pierres précieuses. RUBIS.

Juillet	Jours de la semaine	Chance du jour	Caractère donné par le jour de naissance	
21	J	Chance moyenne	Infortuné sur les eaux	
22 PL	V	Chance nulle (jour Égyptiaque)	Mélancolique	Nuageux. Pluie ou grêle
23	S	Grande chance	Prudent, rusé, suspect aux grands	
24	D	Grande chance	Envieux	
25	L	Grande chance	Querelleur	
26	M	Grande chance	Sage et robuste	
27	M	Grande chance	Travaillera au feu	
28	J	Grande chance	Orgueilleux	
29 DQ	V	Petite chance	Homicide	Inconstant
30	S	Petite chance	Impudique	
31	D	Petite chance	Chaste et pudique.	
Août				
1	L	Petite chance	Chaste et pudique	
2	M	Petite chance	Persévérant	
3	M	Petite chance	Fainéant	
4	J	Petite chance	Courageux	
5 NL	V	Ch. presque nulle	Indisciplinable	Beau
6	S	Ch. presque nulle	Rétif et courageux	
7	D	Ch. presque nulle	Deviendra puissant	
8	L	Ch. presque nulle	Client d'un grand	
9	M	Ch. presque nulle	Conteur	
10	M	Ch. presque nulle	Hospitalier	
11	J	Ch. presque nulle	Imbécile	
12	V	Ch. presque nulle	Sensuel	
13 PQ	S	Chance moyenne	Philosophe	Beau mais couvert
14	D	Chance moyenne	Pêcheur	
15	L	Chance moyenne	Agricole	
16	M	Chance moyenne	Laborieux	
17	M	Chance moyenne	Fainéant	
18	J	Chance moyenne	Aimable	
19	V	Chance moyenne	Sera en servitude	
20 PL	S	Grande chance	Amoureux	Pluie

21 Août 1910 au 21 Septembre 1910

VIERGE

Tempérament du signe. — *Froid sec.*

Objets de chance pour le mois
{ Végétaux. . . . Pommier.
{ Animaux. . . . Moineau.
{ Pierres précieuses. Saphir.

Août	Jours de la semaine	Chance du jour	Caractère donné par le jour de naissance	
21	D	Grande chance	Fainéant et vagabond	
22 PL	L	Grande chance	Marchand	
23	M	Grande chance	Agricole	
24	M	Grande chance	Travaillera sans fruit	
25	J	Grande chance	Fainéant	
26	V	Grande chance	Paresseux	
27 DQ	S	Petite chance	Berger	Temps passable et chaud
28	D	Petite chance	Irascible et fainéant	
29	L	Chance nulle (jour Egyptiaque)	Grand promeneur	
30	M	Petite chance	Célère	
31	M	Petite chance	Méchant	
Septembre				
1	J	Petite chance	Méchant	
2	V	Petite chance	Enjoué	
3 NL	S	Chance nulle (jour Egyptiaque)	Laborieux	Variable. Chaud
4	D	Ch. presque nulle	Agréable	
5	L	Ch. presque nulle	Chasseur	
6	M	Ch. presque nulle	Ne courra aucun risque	
7	M	Ch. presque nulle	Travaillera dans la forêt	
8	J	Ch presque nulle	Client et en servitude	
9	V	Ch. presque nulle	Opposé aux autres	
10	S	Ch. presque nulle	Riche	
11 PQ	D	Chance moyenne	Impudique	Beau
12	L	Chance moyenne	Nautonnier	
13	M	Chance moyenne	Réduit au travail	
14	M	Chance moyenne	Processif	
15	J	Chance moyenne	Bien élevé	
16	V	Chance moyenne	Fainéant	
17	S	Chance moyenne	Aura de gros revenus	
18	D	Chance moyenne	Religieux	
19 PL	L	Grande chance	Impertinent	Pluie
20	M	Grande chance	Ardent à combattre	

21 Septembre 1910 au 21 Octobre 1910

BALANCE

Tempérament du signe. — *Chaud humide.*

Objets de chance pour le mois { Végétaux. . . . LES GRANDS ARBRES. / Animaux. . . . OIE. / Pierres précieuses. HYACINTHE.

Septembre	Jours de la semaine	Chance du jour	Caractère donné par le jour de naissance	
21	M	Chance nulle (jour Egyptiaque)	Religieux	
22	J	Grande chance	Laborieux et misérable	
23	V	Grande chance	Agricole	
24	S	Grande chance	Replet	
25 DQ	D	Petite chance	Agricole ignorant	Beau, mais assez couvert
26	L	Petite chance	Amoureux	
27	M	Petite chance	Morose	
28	M	Petite chance	Querelleur	
29	J	Petite chance	Immonde	
30	V	Petite chance	Lent et inconstant	
Octobre				
1	S	Petite chance	Fainéant et vagabond	
2	D	Petite chance	Contagieux et d'avis opposé aux autres	
3 NL	L	Chance nulle (jour Egyptiaque)	Orgueilleux	Assez beau, mais froid
4	M	Ch. presque nulle	Mondain	
5	M	Ch. presque nulle	Courageux et célèbre	
6	J	Ch. presque nulle	Enjoué	
7	V	Ch. presque nulle	Riche en terres	
8	S	Ch. presque nulle	Noble	
9	D	Ch. presque nulle	Religieux	
10	L	Ch. presque nulle	Esclave, homme de cheval	
11 PQ	M	Chance moyenne	Très convoiteux et peu riche	
12	M	Chance moyenne	Médecin	Couvert et froid
13	J	Chance moyenne	Robuste	
14	V	Chance moyenne	Orgueilleux	
15	S	Chance moyenne	Vainqueur à la guerre	
16	D	Chance moyenne	Jardinier	
17	L	Chance moyenne	Patient dans les travaux	
18 PL	M	Grande chance	Fainéant	Passablem. beau
19	M	Grande chance	Inconstant	
20	J	Grande chance	Méchant et voleur	

21 Octobre 1910 au 21 Novembre 1910

SCORPION

Tempérament du signe. — *Froid humide.*

Objets de chance pour le mois
- Végétaux. . . . ARMOISE.
- Animaux. . . . SCORPION.
- Pierres précieuses. AGATHE.

Octobre	Jours de la semaine	Chance du jour	Carac ère donné par le jour de naissance	
21	V	Grande chance	Courageux et constant	
22	S	Grande chance	Méchant et fainéant	
23	D	Chance nulle (jour Egyptiaque)	Agréable	
24	L	Grande chance	Commencera et n'achèvera point	
25 DQ	M	Petite chance	Réussira rarement dans ses entreprises	Brouillard
26	M	Petite chance	Marchand et riche	
27	J	Petite chance	Ecrivain	
28	V	Petite chance	D'une conception bornée	
29	S	Petite chance	D'un jugement sain	
30	D	Petite chance	Envieux	
31	L	Petite chance	Prudent et méchant	
Novembre				
1	M	Petite chance	Prudent et méchant	
2 NL	M	Ch. presque nulle	Robuste agricole	Petite gelée
3	J	Ch. presque nulle	D'un esprit variant	
4	V	Ch. presque nulle	Fainéant	
5	S	Chance nulle (jour Egyptiaque)	Miséricordieux	
6	D	Ch. presque nulle	Ravisseur	
7	L	Ch. presque nulle	Paresseux	
8	M	Ch. presque nulle	Noble	
9	M	Ch. presque nulle	Courageux	
10 PQ	J	Chance moyenne	Exempt de joug	Temps passable, mais froid.
11	V	Chance moyenne	Inconstant	
12	S	Chance moyenne	Inconstant	
13	D	Chance moyenne	Laborieux	
14	L	Chance moyenne	Rapace et voleur	
15	M	Chance moyenne	Voleur	
16	M	Chance moyenne	Agréable et sociable	
17 PL	J	Grande chance	Grand orateur	Pluie froide
18	V	Grande chance	Studieux	
19	S	Grande chance	Prudent	
20	D	Grande chance	Juste et religieux	

21 Novembre 1910 au 21 Décembre 1910

SAGITTAIRE

Tempérament du signe. — Chaud sec.

Objets de chance pour le mois
- Végétaux. . . . Mouron.
- Animaux. . . . Biche.
- Pierres précieuses. Améthyste.

Novembre	Jours de la semaine	Chance du jour	Caractère donné par le jour de naissance	
21	L	Grande chance	Querelleur	
22	M	Grande chance	Querelleur	
23 DQ	M	Petite chance	Voleur	Couvert et pluvieux
24	J	Petite chance	Laborieux	
25	V	Petite chance	Intelligent	
26	S	Petite chance	Fainéant	
27	D	Petite chance	Joueur aux dés	
28	L	Chance nulle (jour Egyptiaque)	Travaillant au feu	
29	M	Petite chance	Riche	
30	M	Petite chance	Dominant sur les autres	
Décembre				
1 NL	J	Ch. presque nulle	Contredis. tout le monde	Pluie et vent
2	V	Ch. presque nulle	Victorieux	
3	S	Ch. presque nulle	Savant	
4	D	Ch. presque nulle	Timide	
5	L	Ch. presque nulle	Homme sans raison	
6	M	Ch. presque nulle	Fréquemment en prières	
7	M	Chance nulle (jour Egyptiaque)	Ciseleur	
8	J	Ch. presque nulle	Laborieux et craintif	
9 PQ	V	Chance moyenne	Joyeux et sociable	Neige et gelée
10	S	Chance moyenne	Sage	
11	D	Chance moyenne	Larron et assassin	
12	L	Chance moyenne	Homicide	
13	M	Chance moyenne	Se nuira à lui-même	
14	M	Chance moyenne	Crapuleux et laborieux	
15	J	Chance moyenne	Histrion, gesticulateur	
16 PL	V	Grande chance	Gesticulateur	Neige et verglas
17	S	Grande chance	Courageux	
18	D	Grande chance	Niaiseur	
19	L	Grande chance	Ouvrier	
20	M	Grande chance	Affable et gai	

Du 21 au 31 Décembre 1910

Décembre	Jours de la semaine	Chance du jour	Caractère donné par le jour de naissance	
21	M	Grande chance	Sans crédit	
22	J	Chance nulle (jour Egyptiaque)	Sage	
23 DQ	V	Petite chance	Rustique	Vent et pluvieux
24	S	Petite chance	Hospitalier	
25	D	Petite chance	Querelleur	
26	L	Petite chance	Enjoué	
27	M	Petite chance	Ciseleur	
28	M	Petite chance	Débile	
29	J	Petite chance	Ciseleur ou chasseur	
30	V	Petite chance	Courrier d'un prince	
31 NL	S	Ch. presque nulle	Célère	Pluie et Vent

CADEAU

Aux Lecteurs de l'ALMANACH

Tout lecteur qui enverra à la *Librairie Hermétique* une commande d'ouvrages du fonds s'élevant à 5 francs, recevra en même temps gratis et franco un superbe **COUPE-PAPIER** en simili-bronze de la valeur de 3 francs.

TABLEAU DE LECTURE

Pour l'Almanach Astrologique

Symboles	Distance en	Noms
☌	0°	Conjonction
⊻	30°	Semi-sextile
∠	45°	Semi-quadrant
✳	60°	Sextile
☐	90°	Quadrature
△	120°	Trine
⊔	135°	Sesquiquadrant
⊼	150°	Quinconce
☍	180°	Opposition
8	180°	Opposition

♃ Jupiter

♄ Saturne

☉ Le Soleil

☿ Mercure

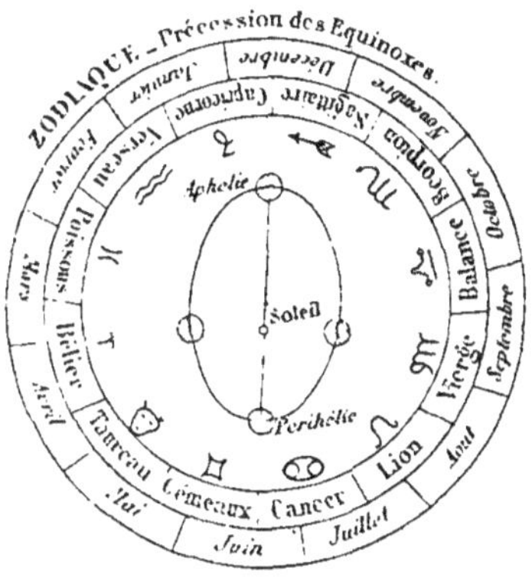

☾ La Lune

♂ Mars

♀ Vénus

ALMANACH ASTROLOGIQUE
pour 191 0

Colonnes : **DATES** · **HEURES** · **PHÉNOMÈNES** (valeurs en ° ′)

DATES	HEURES	PHÉNOMÈNES
Janv. 1	15	♀ dans ♋.
3	1	♃ ☌ ☽ .... ♃ 3.11 S.
4	7	♃ □ ☉
7	9	♄ □ ☉
8	14	☿ ☌ ☽
10	3	☿ plus grande élongation .... 19.2 E.
11	0	♅ ☌ ☽ .... ♅ 3.9 N.
11	18	♅ ☌ ☉
12	0	♄ plus grande latitude héliocentrique S.
12	5	♀ plus grand éclat.
12	9	☿ ☌ ☽ .... ☿ 4.33 N.
13	3	☿ dans ♋.
13	15	♀ ☌ ☽ .... ♀ 7.43 N.
16	23	☿ stationnaire.
17	4	♄ ☌ ☽ .... ♄ 1.34 N.
17	17	♂ □ ☉
17	17	☿ au périhélie.
17	19	♂ ☌ ☽ .... ♂ 4.25 N.
20	10	☉ entre dans ♒.
22	5	♀ stationnaire.
23	16	☿ ☌ ☽ .... ☿ 4. 5 S.
25	21	☿ ☌ inférieure ☉.
28	0	☿ plus grande latitude héliocentrique N.
29	9	♃ stationnaire.
30	12	♃ ☌ ☽ .... ♃ 2.45 S.
Févr. 4	6	♀ au périhélie.
6	19	☿ stationnaire.
7	13	♅ ☌ ☽ .... ♅ 3.19 N.
7	18	☿ ☌ ☽ .... ☿ 6.25 N.
9	13	♀ ☌ ☽ .... ♀ 13.34 N.
12	1	♀ ☌ inférieure ☉.
13	14	♄ ☌ ☽ .... ♄ 1.18 N.
15	6	♂ ☌ ☽ .... ♂ 3. 1 N.
19	1	☉ entre dans ♓.
19	17	☿ plus grande élongation .... 26.33 O.
19	22	☿ ☌ ☽ .... ☿ 4.10 S.
20	12	☿ dans ♋.
26	3	♀ plus grande latitude héliocentrique N.
26	18	♃ ☌ ☽ .... ♃ 2.29 S.
27	10	☿ ☌ ♀ .... ☿ 9.19 S.
Mars 2	17	☿ à l'aphélie.
4	14	♀ stationnaire.
7	1	♅ ☌ ☽ .... ♅ 3.34 N.
8	9	♀ ☌ ☽ .... ♀ 11.52 N.
9	9	☿ ☌ ☽ .... ☿ 3.15 N.
9	18	☿ ☌ ι Verseau .... ★ 0. 5 S.
13	3	♄ ☌ ☽ .... ♄ 0.58 N.
13	11	♀ plus grand éclat.
15	19	♂ ☌ ☽ .... ♂ 1.16 N.
19	2	☿ ☌ ☽ .... ☿ 4.21 S.
21	0	☉ entre dans ♈, com. du printemps.
23	2	☿ plus grande latitude héliocentrique S.
25	18	♃ ☌ ☽ .... ♃ 2.31 S.
28	0	☿ stationnaire.
29	0	♃ plus grande latitude héliocentrique N.
30	18	♃ ☍ ☉
Avril 3	11	♅ ☌ ☽ .... ♅ 3.49 N.
5	11	☿ ☌ supérieure ☉.
5	23	♀ ☌ ☽ .... ♀ 7.43 N.
Avril 6	19	☿ □ ☉
9	15	☿ ☌ ☽ .... ☿ 2.59 N.
9	19	♄ ☌ ☽ .... ♄ 0.40 N.
10	19	☿ ☌ ♄ .... ☿ 2.21 N.
11	2	☿ dans ♋.
13	10	♂ ☌ ☽ .... ♂ 0.28 S.
15	9	☿ ☌ ☽ .... ☿ 4.33 S.
15	13	♅ □ ☉
15	17	☿ au périhélie.
16	17	♄ ☌ ☉
20	12	☉ entre dans ♉.
21	18	♃ ☌ ☽ .... ♃ 2.48 S.
23	3	♀ plus grande élongation .... 46.13 O.
23	5	♀ dans ♋.
25	23	☿ plus grande latitude héliocentrique N.
29	20	♅ stationnaire.
30	19	♅ ☌ ☽ .... ♅ 3.58 N.
Mai 2	4	☿ plus grande élongation .... 20.45 E.
5	9	♀ ☌ ☽ .... ♀ 3.55 N.
7	12	♄ ☌ ☽ .... ♄ 0.23 N.
8	—	Eclipse de ☉, invisible à Paris.
10	0	♃ à l'aphélie.
10	0	☿ ☌ ☽ .... ☿ 1.18 N.
12	1	♂ ☌ ☽ .... ♂ 1.57 S.
12	18	☿ ☌ ☽ .... ☿ 4.39 S.
13	18	☿ stationnaire.
18	19	♃ ☌ ☽ .... ♃ 3. 5 S.
19	11	☿ dans ♋.
21	12	☉ entre dans ♊.
23	—	Eclipse de ☽, en partie visible à Paris.
25	5	☿ ☌ inférieure ☉.
27	9	♀ à l'aphélie.
28	0	♅ ☌ ☽ .... ♅ 3.57 N.
29	5	♂ ☌ ☿ .... ♂ 1.59 N.
29	16	☿ à l'aphélie.
Juin 1	9	♃ stationnaire.
4	1	♀ ☌ ☽ .... ♀ 0.13 N.
4	3	♄ ☌ ☽ .... ♄ 0. 2 N.
5	2	♀ ☌ ♄ .... ♀ 0. 4 N.
6	0	☿ ☌ ☽ .... ☿ 4.13 S.
6	14	☿ stationnaire.
9	5	☿ ☌ ☽ .... ☿ 4.40 S.
9	16	♂ ☌ ☽ .... ♂ 3. 6 S.
15	2	♃ ☌ ☽ .... ♃ 3. 9 S.
15	19	♂ ☌ μ Ecrevisse .... ★ 0. 4 N.
17	4	♂ plus grande latitude héliocentrique N.
19	1	☿ plus grande latitude héliocentrique S.
19	1	♀ plus grande latitude héliocentrique S.
19	22	☿ plus grande élongation .... 22.33 O.
21	20	☉ entre dans ♋, commencement de l'été.
24	4	♅ ☌ ☽ .... ♅ 3.50 N.
27	17	♃ □ ☉
Juill. 1	15	♄ ☌ ☽ .... ♄ 0.23 S.
3	18	♀ ☌ ☽ .... ♀ 2.37 S.
4	11	☉ à l'apogée.
5	6	☿ ☌ ☽ .... ☿ 3. 8 S.
6	17	☿ ☌ ☽ .... ☿ 4.40 S.

ALMANACH ASTROLOGIQUE
pour 1910

DATES	HEURES	PHÉNOMÈNES		° '
Juill. 8	1	☿ dans ♋.		
8	8	♂ ☌ ☽	♂	3.53 S.
11	20	☿ ☌ ☉		
12	14	♃ ☌ ☽	♃	2.58 S.
12	16	☿ au périhélie.		
15	20	☿ ☌ ♂	☿	1.54 N.
16	5	♅ ☍ ☉		
19	4	☿ ☌ supérieure ☉		
21	9	♅ ☌ ☽	♅	3.44 N.
22	17	♂ à l'aphélie.		
22	23	☿ plus grande latitude héliocentrique N.		
23	7	☉ entre dans ♌.		
26	15	♀ ☌ η Gémeaux (1).	★	0.0,01 N
28	5	♀ ☌ μ Gémeaux....	★	0.0,21 S
29	0	♄ ☌ ☽	♄	0.52 S.
29	19	♄ □ ☉		
Août 2	11	♀ ☌ ☽	♀	4. 8 S.
3	3	☿ ☌ ☽	☿	4.45 S.
5	18	☿ ☌ ♂	☿	0. 5 N.
6	1	♂ ☌ ☽	♂	4.11 S.
6	2	☿ ☌ ☽	☿	4. 7 S.
8	5	♀ ☌ δ Gémeaux....	★	0. 6 N.
9	7	♃ ☌ ☽	♃	2.34 S.
10	13	♀ ☌ ♄	♀	0.27 N.
14	8	♀ dans ♋.		
15	10	☿ dans ♋.		
17	16	♅ ☌ ☽	♅	3.46 N.
18	16	☿ ☌ 83 Lion.......	★	0. 3 S.
18	23	♄ stationnaire.		
23	14	☉ entre dans ♍.		
25	6	♄ ☌ ☽	♄	1.18 S.
25	16	☿ à l'aphélie.		
30	4	☿ plus grande élongation		27. 8 E.
30	11	☿ ☌ ☽	☿	4.56 S.
Sept. 1	8	♀ ☌ ☽	♀	4.26 S.
3	19	♂ ☌ ☽	♂	3.55 S.
5	6	☿ ☌ ☽	☿	7.25 S.
6	1	♃ ☌ ☽	♃	2. 3 S.
12	21	☿ stationnaire.		
14	0	♅ ☌ ☽	♅	3.56 N.
15	0	☿ plus grande latitude héliocentrique S.		
16	17	♀ au périhélie.		
21	12	♄ ☌ ☽	♄	1.31 S.
23	0	♀ ☌ χ Lion.......	★	0. 0,6 S
23	11	☉ entre dans ♎, com^t de l'automne.		
24	16	☿ ☌ ♂	☿	4.21 S.
25	20	☿ ☌ inférieure ☉.		
26	18	☿ ☌ ☽	☿	5.10 S.
27	5	♂ ☌ ☉		
Oct. 1	0	♅ stationnaire		
1	12	♀ ☌ ☽	♀	3. 9 S.
1	17	☿ ☌ ☽	☿	5.25 S.
2	14	♂ ☌ ☽	♂	3. 3 S.
3	2	☿ ☌ ♀	☿	1.55 S.
3	20	♃ ☌ ☽	♃	1.31 S.
4	1	☿ dans ♋.		
4	21	☿ stationnaire.		
8	15	☿ au périhélie.		
8	20	♀ plus grande latitude héliocentrique N.		
Oct. 9	7	♀ ☌ η Vierge......	★	0. 6 S.
11	7	☿ plus grande élongation..		17.59 O.
11	8	♅ ☌ ☽	♅	4. 7 N.
15	3	♅ □ ☉		
15	7	☿ □ ☉		
18	17	♃ ☌ ☉		
18	18	♄ ☌ ☽	♄	1.28 S.
18	22	☿ plus grande latitude héliocentrique N		
22	11	♀ ☌ ♂	♀	0.45 N.
23	10	☿ ☌ θ Vierge......	★	0. 7 S.
23	19	☉ entre dans ♏.		
24	0	☿ ☌ ♂	☿	5.20 S.
25	1	☿ stationnaire.		
26	22	♄ ☍ ☉		
27	0	☿ ☌ ♂	☿	1. 5 N.
27	23	♀ ☌ ♃	♀	0.11 N.
29	13	☿ ☌ ♃	☿	0.21 N.
31	12	♂ ☌ ☽	♂	1.39 S.
31	15	♃ ☌ ☽	♃	0.58 S.
31	22	☿ ☌ ☽	☿	0.33 S.
Nov 1	0	♀ ☌ ☽	♀	0.28 S.
1	—	Eclipse de ☉, invisible à Paris.		
2	21	☿ ☌ ♀	☿	0.10 S.
4	2	♂ ☌ ♃	♂	0.34 S.
7	16	♅ ☌ ☽	♅	4.14 N.
8	16	☿ ☌ α1 Balance.....	★	0. 4 N.
8	17	☿ ☌ α2 Balance.....	★	0. 2 N.
11	9	☿ dans ♋.		
12	3	☿ ☌ supérieure ☉.		
14	14	♂ ☌ λ Vierge......	★	0. 2 N.
15	2	♄ ☌ ☽	♄	1.13 S.
16	—	Eclipse de ☽, visible à Paris.		
20	8	☿ ☌ ☽	☿	5.22 S.
21	15	☿ à l'aphélie.		
22	16	☉ entre dans ♐.		
26	2	♀ ☌ supérieure ☉.		
26	11	♂ ☌ α1 Balance....	★	0. 1 N.
26	13	♂ ☌ α2 Balance....	★	0. 0,6 S
28	9	♃ ☌ ☽	♃	0.23 S.
29	10	♂ ☌ ☽	♂	0. 1 N.
Déc. 1	13	♀ ☌ ☽	♀	2. 2 N.
1	20	☿ ☌ θ Ophiuchus...	★	0. 6 N.
2	10	☿ ☌ ☽	☿	0.49 N.
3	22	♀ dans ♋.		
5	0	♅ ☌ ☽	♅	4.15 N.
12	0	☿ plus grande latitude héliocentrique S.		
12	10	♄ ☌ ☽	♄	1. 2 S.
17	18	☿ ☌ ☽	☿	5.16 S.
18	21	♂ ☌ λ Balance.....	★	0. 3 S.
22	5	☉ entre dans ♑, commencement de l'hiver.		
24	10	☿ plus grande élongation		19.51 E.
26	2	♃ ☌ ☽	♃	0.16 N.
26	11	☿ ☌ ♅	☿	0.36 S.
28	10	♂ ☌ ☽	♂	1.38 N.
31	0	☿ dans ♋.		
31	19	♂ dans ♋.		
31	20	☿ stationnaire.		
31	22	♀ ☌ ☽	♀	3.26 N.

(1) L'étoile est occultée par ♀.

CALENDRIER PERPÉTUEL
Par Ch. Bussy.

Savoir le jour de la semaine où vous êtes né est une des notions les plus importantes pour déterminer votre chance. Le calendrier suivant vous permettra de déterminer si vous êtes né un lundi ou un jeudi, etc.

Il existe un certain nombre de mé-thodes pour rechercher à quel jour de la semaine correspond telle ou telle date. En général, ces méthodes offrent quelque complication. Nous sommes heureux de présenter à nos lecteurs un procédé relativement beaucoup plus simple que nous adresse M. Ch. Bussy.

La pratique en est des plus aisées. Vous voyez quatre tableaux contenant le siècle, l'année du siècle, le mois et la date du mois. En regard de chaque siècle, le mois et la date du mois. En regard de chaque siècle, de chaque année, de chaque mois et de chaque date du mois, se trouve un chiffre. Pour avoir le jour de la semaine correspondant à une date quelconque, il suffit d'additionner les quatre chiffres placés en regard du siècle auquel appartient cette date, de l'année occupée par cette date dans le siècle, du mois, et enfin du quantième. Si l'on cherche, par exemple, quel jour tombait le 14 juillet 1789, on remarque, en face du quantième 14, le chiffre 3, — en face de juillet, le chiffre 6, — en face de l'année 89, le chiffre 5, — en face du 18° siècle, le chiffre 5. Le total de ces quatre chiffres donne 19.

Dans un dernier tableau, on voit, en regard de chaque jour de la semaine, un certain nombre de chiffres. Le chiffre 19, que nous avons trouvé, est placé en regard du mardi. Donc, le 14 juillet 1789 tombait un mardi.

On voit que, pour un exemple quelconque, il suffit de faire une courte addition de quatre chiffres à trouver.

Siècles

1er	5
2e	6
3e	0
4e	1
5e	2
6e	3
7e	4
8e	5
9e	6
10e	0
11e	1
12e	2
13e	3
14e	4
16e	5
jusqu'au 4 octobre 1582	
depuis le 15 octobre 1582	2
17e	3
18e	5
19e	0
20e	2

Années

01	29	57	85	3
02	30	58	86	2
03	31	59	87	1
04	32	60	88	6
05	33	61	89	5
06	34	62	90	4
07	35	63	91	3
08	36	64	92	1
09	37	65	93	0
10	38	66	94	6
11	39	67	95	5
12	40	68	96	3
13	41	69	97	2
14	42	70	98	1
15	43	71	99	0
16	44	72	100	5
17	45	73		4
18	46	74		3
19	47	75		2
20	48	76		0
21	49	77		6
22	50	78		5
23	51	79		4
24	52	80		2
25	53	81		1
26	54	82		0
27	55	83		6
28	56	84		4
Exception 1700 1800 1900 au lieu de 5....				6

Mois

Janvier.	5
Années soulignées.	6
Février.	2
Années soulignées.	3
Mars.	2
Avril.	6
Mai.	4
Juin.	1
Juillet.	6
Août.	1
Septembre.	0
Octobre.	5
Novembre	2
Décembre.	0

Jours

1	2	17	0
2	1	18	6
3	0	19	5
4	6	20	4
5	5	21	3
6	4	22	2
7	3	23	1
8	2	24	0
9	1	25	6
10	0	26	5
11	6	27	4
12	5	28	3
13	4	29	2
14	3	30	1
15	2	31	0
16	1		

0	7	14	21	Dimanche.
1	8	15	22	Samedi.
2	9	16	23	Vendredi.
3	10	17	24	Jeudi.
4	11	18		Mercredi.
5	12	19		Mardi.
6	13	20		Lundi.

HOROSCOPE

DE L'ANNÉE 1910

L'année 1910 a comme chiffre 11 (1 + 9 + 1 = 11). Cet arcane correspond à la onzième lettre hébraïque « Caph » ; c'est le symbole des forces organisées de l'Univers, — de la puissance active, agissant avec vigueur, créatrice. Astrologiquement, ce nombre symbolise le courage, le mépris des dangers, les idées de bataille, l'action de « Mars ». 1910 est dominé par la planète maléfique « Saturne » et appartient au cycle de « Mars », planète violente. Son nombre a donc le même sens que ses indications astrologiques.

La réunion de ces deux influences principales est mauvaise ; « Mars » prédisant toujours des événements violents et « Saturne » maléficiant tout : l'argent, la santé publique, le commerce, l'industrie ; retardant, entravant, fatalisant tous les efforts en science, en art, en sociologie, etc. A *priori* 1910 paraît donc devoir nous réserver bien des luttes, bien des épreuves. Les idées de violence, de conquêtes ne semblent pas s'apaiser, au contraire, les émeutes, les troubles publics ne feront qu'augmenter et les menaces de guerre redoubleront. Voici, par périodes mensuelles, les principaux événements qui auront des tendances à se réaliser en 1910. Bien entendu, ces essais de fixation d'événements à période fixe n'ont pas grande importance et un fait quelconque, prévu pour juin, par exemple, pourrait très bien n'arriver qu'en août ou au contraire être avancé.

Janvier

Influences martiennes. — Discussions orageuses à la Chambre. — Lenteur de décision des pouvoirs publics à la suite d'événements graves. — Exil d'un homme politique, comme à la suite d'une sorte de complot. — Ennemis populaires. — Émeute, incendies. — Naufrage d'un grand transport. — Catastrophe d'aviation. — Affaire d'espionnage dans le Sud-Est. — Une affaire criminelle à dessous politiques fera beaucoup de bruit en ce mois. — Incendie d'un palais ou théâtre à Paris.

Février

Continuation des événements violents. — Émeutes graves aux environs de la Chambre des députés. — Luttes fatales entre les partis. — Trahison de personnes en vue. — Manifeste d'un Empereur qui aura un grand retentissement en Europe. — Un combat funeste aux Européens aura lieu sur les bords d'une rivière ou de la mer, dans un pays arabe. — Un roi sera couronné à la suite d'événements violents, peut-être en Italie ou en Espagne.

Mars

Diminution momentanée de la violence. — Meilleures influences. — Sorte de trêve. — Invention dans les sciences. — Grand changement heureux dans les formes de la justice. — Les alliances seront très utiles à la France et empêcheront peut-être une guerre. — Bonne période pour jouer à la bourse. — Difficultés cependant avec l'Angleterre au sujet d'affaires d'Orient. — Quelques troubles en Grèce. — Instabilité dans les relations des puissances en Orient.

Avril

Naufrage d'un grand transport allemand ou italien sur les côtes d'Afrique. — Grande hausse en bourse, suivie d'une panique grave. — Conquêtes coloniales de l'Angleterre et de l'Allemagne. — Quelques changements peu appréciables au public auront lieu dans les alliances européennes. — Un homme aura de grands succès populaires dans un des trois pays susdénommés. — Exil d'un homme politique. — Danger pour les alliances. — Fausse sécurité. — Le danger occulte sera grand. — Vers le milieu du mois, action coloniale.

Mai

Repos. — Activité moindre. — L'évolution générale suivra son cours sans à coups. — Bonne période pour la fortune publique. — Grands progrès dans les sciences. — Invention qui deviendra vite populaire, très probablement ayant trait à la vue à distance par la télécinématographie. — Rien de très important n'apparaît comme clichés d'avenir pour le mois. — Les périls n'ont pas cessé d'être menaçants, mais ils semblent devoir

être évités dans cette période. — Les influences astrales sont plus douces, bien que la « Lune » ménage souvent quelque surprise.

Juin

Dans ce mois, grand succès pour l'*aviation*. — Invention tout à fait nouvelle à laquelle presque personne ne songe en 1909, commençant à rendre pratiques les *aéroplanes*. — Mauvaise période pour la fortune publique. — Panique en bourse à cause de nouvelles politiques concernant surtout l'Angleterre ou l'Italie, nouvelles reconnues fausses ensuite. — Les alliances, les diplomaties auront encore quelques succès.

Juillet

Ces succès semblent devoir être de courte durée, car, en juillet, surviendront divers incidents qui pourraient amener beaucoup d'instabilité, de tension dans les relations des Puissances entre elles, très probablement au sujet du Maroc, ou de régions africaines. — L'Angleterre prévoit ici pour juillet-août de sérieuses complications. — Un voyage d'un homme d'État allemand ou italien rétablira l'équilibre, mais très difficilement. — Le genre d'influences astrales en cette période est surtout l'inconstance, l'instabilité, la mobilité du destin. — Tout peut être évité, comme aussi les pires événements peuvent brusquement surgir.

Août

La violence reparaît avec l'action néfaste de « Mars ». — Des idées de batailles, de conquêtes qui avaient paru s'endormir pendant trois mois reparaissent de plus belles. — Émeutes, grèves reprennent. — Je prévois une expédition coloniale néfaste pour l'Italie ou la France, peut-être les *deux alliées*. — Ces deux pays auront à combattre des ennemis puissants, et la paix européenne me paraît de nouveau menacée. — Ce sera une période militaire, où la parole appartiendra aux généraux, aux officiers. — C'est un moment favorable pour un général de sortir de l'ombre (t de vaincre. — Une angoisse universelle pèsera sur l'Europe.

Septembre

Succès dans l'industrie navale. — Invention ou changement dans l'artillerie des cuirassés vers le milieu du mois. — A ce sujet, il y aura des discussions qui feront tomber le ministère. — Troubles nouveaux concernant les alliances, bien que l'influence de « Vénus » adoucisse en ce mois les passions humaines. — Pendant cette période, nombreuses tempêtes, catastrophes maritimes à prévoir. — Action néfaste de Rome sur la politique générale, grandes fautes des gouvernants, en différents pays.

Octobre

L'influence de « Vénus » diminue, celle de « Saturne » se rapproche. Les rivalités entre diverses nations de l'Europe s'accentuent et l'horizon reste toujours noir. — Des femmes feront de l'espionnage. — Je prévois un incident de frontière grave pour fin octobre, cela s'arrangera néanmoins. — Dans une foire de Paris, des fauves s'échapperont et feront quelques vic-

times. — Il y aura une catastrophe de ballons ou d'aéroplanes. — Un grand déraillement dans le Midi est à prévoir. — Un raz de marée en Australie fera de nombreuses victimes. — Un roi passera par la France en voyage.

Novembre

Épidémie violente en Allemagne (Bavière ou Saxe). — Périodes dangereuses pour l'Allemagne. — Naufrages fréquents. — Grands périls pour la paix. — On peut prévoir bien des dangers provenant d'un entraînement irréfléchi, d'une résolution trop vite prise. — Déraillements fréquents. — Mort d'un homme d'État ou d'un souverain en voyage. — Catastrophe de mines vers le commencement du mois. — Un voyage d'exploration en Afrique, au-dessous de l'Équateur, réussira et fera beaucoup de bruit. — Vers le 22, dangers pour les alliances en général. — Idées belliqueuses. — Esprit aventureux des nations. — Incendie très grave en Allemagne. — Un Européen sera tué dans un guet-apens en Afrique.

Décembre

Meilleures influences pour la fin de l'année. — Les idées guerrières n'ont pas cessé cependant, mais rien ne fait prévoir la guerre européenne, si elle n'a pas éclaté pendant l'année. — Il y aura une sorte d'accalmie et tout reprendra : le commerce, l'art, les sciences. — Je vois la mort d'une personne connue à Paris à la suite d'une opération chirurgicale.

G. Phaneg.

Influences générales
des facteurs de l'Astrologie

Maintenant que vous connaissez votre jour de naissance, voyez les enseignements de l'Astrologie sur votre caractère.

Il n'était pas facile d'établir un résumé clair des influences astrales en aussi peu de lignes.

Cependant pour être agréable aux lecteurs de l'*Almanach de la chance,* nous allons essayer de leur offrir un exposé donnant d'utiles renseignements généraux.

Le soleil en astrologie est le principal facteur de la vitalité, de la gloire et de la réputation.

Chaque mois il parcourt l'un des signes du Zodiaque et son influence se modifie dans chacun de ces signes. C'est ce que nous allons essayer de démontrer (1).

JEAN MAVÉRIC.

Influences du Soleil selon l'heure de la naissance

Matin

Minuit. — Gloire par le père, fortune paternelle, fin glorieuse.
Minuit à 2 h. — Haute imagination, succès par les frères et la famille.
2 h. à 4 h. — Gloire par l'argent, gros bénéfices et renommée.
4 h. à 6 h. — Tempérament bilieux, orgueil, ambition, amour de la gloire.
6 h. à 8 h. — Ambition déçue, orgueil humilié, puissants ennemis.
8 h. à 10 h. — Ennemis puissants devenant amis, gloire par protection.
10 h. à midi. — Puissants et illustres protecteurs, gloire par hauts personnages.
Midi. — Situation glorieuse, richesse, haute réputation.

Soir

Midi à 2 h. — Voyages profitables, ambition noble, vie courte.
2 h. à 4 h. — Danger pour la vie, héritage glorieux, maladie du cœur.
4 h. à 6 h. — Mariage brillant, procès ou rivalité, vie courte.
6 h. à 8 h. — Mariage riche, nombreux rivaux, association brillante, danger de maladie aiguë.
8 h. à 10 h. — Difficultés avec les inférieurs, réussite brillante dans les entreprises.
10 h. à min. — Spéculation par legs paternel, succès en affaires, gloire et renommée par la famille.

1. On pourra acquérir une notion plus complète de l'astrologie dans un petit traité synthétique qui va paraître et qui a nom: *La Science astrale.*

Influences du Soleil dans les
douze signes du Zodiaque

Du 20 mars au 20 avril, le Bélier : Taille moyenne, bonne santé, teint clair, cheveux blonds, caractère orgueilleux, vaniteux.

Du 20 avril au 21 mai, le Taureau : Taille moyenne, figure large, grande bouche, long nez, caractère doux, laborieux, réfléchi.

Du 21 mai au 21 juin, les Gémeaux : Stature large, sanguin, caractère sociable, adroit, prompt, vif, pauvre.

Du 21 juin au 22 juillet, le Cancer : Taille petite, teint pâle, brun, forme ronde, caractère paisible, amour des plaisirs et des femmes.

Du 22 juillet au 23 août, le Lion : Taille élevée, noble, santé robuste, yeux brillants, cheveux roux, orgueilleux, magnanime, noble.

Du 23 août au 22 septembre, la Vierge : Taille allongée, bonne santé, cheveux châtains, aimant les arts et les sciences.

Du 22 septembre au 23 octobre, la Balance : Taille moyenne, teint coloré, caractère aimable, enjoué, santé égale.

Du 23 octobre au 22 novembre, le Scorpion : Taille large et mastoc, tête grosse et difforme, teint olivâtre, cheveux crépus, ambition cachée, vanité, caractère sournois, amour des sciences.

Du 22 novembre au 21 décembre, le Sagittaire : Taille grande, bien prise, regard vif, cheveux bruns, caractère généreux et affable.

Du 21 décembre au 20 janvier, le Capricorne : Taille moyenne, teint pâle, cheveux châtain, avenir ténébreux, mœurs paisibles.

Du 20 janvier au 18 février, le Verseau : Taille moyenne, complexion grasse, figure pleine, teint rosé, cheveux blonds, caractère sans façon, obli-geant, vaniteux, indépendant.

Du 18 février au 20 mars, les Poissons : Taille petite, grasse, figure ronde, teint vermeil, amour des plaisirs, jeux, aventures, prodigalité, origi-nalité, bonté et douceur.

Chaque signe du Zodiaque se trouve sous l'influence d'une des sept planètes. Les planètes agissent donc par l'influence de leurs signes, ou quand elles se trouvent à l'horizon au moment de la naissance.

Influences des sept planètes
et leurs signes correspondants

Soleil : Gloire, orgueil, ambition, fortune, le cœur, le mari. Signe : le Lion.

Lune : L'argent, la poésie, le mystère, la timidité, la mère, l'estomac. Signe : le Cancer.

Saturne : La méditation, la pauvreté, le travail, la vieillesse, les ennemis cachés, le père, le grand-père, les os. Signes : le Capricorne et le Verseau.

Jupiter : La santé, les honneurs, la fortune, les hauts emplois, les protec-teurs, le sang. Signes : le Sagittaire et les Poissons.

Mars : L'égoïsme, la violence, les batailles, la cruauté, l'activité, l'amant, les voyages, les frères, les muscles, le foie, les reins. Signes : le Bélier et le Scorpion.

Vénus : L'amour, l'art, l'altruisme, les femmes et amantes, les sœurs, les seins et parties génitales. Signes : le Taureau et la Balance.

Mercure : La promptitude, les affaires, la spontanéité, l'intelligence, la diplomatie, les enfants, les nerfs, le cerveau. Signes : la Vierge et les Gé-meaux.

L'Initiation

REVUE PHILOSOPHIQUE DES HAUTES ÉTUDES

Publiée mensuellement sous la direction de PAPUS

❊ ❊ ❊

L'Initiation est l'organe principal de la renaissance spiritualiste dont les efforts tendent :

Dans la Science, à constituer la *Synthèse* en appliquant la méthode analogique des anciens aux découvertes analytiques des expérimentateurs contemporains.

Dans la Religion, à donner une base solide à la *Morale* par la découverte d'*un même ésotérisme* caché au fond de tous les cultes.

Dans la Philosophie, à sortir des méthodes purement métaphysiques des Universitaires, à sortir des méthodes purement physiques des positivistes pour unir dans une Synthèse unique la Science et la Foi, le Visible et l'Occulte, la Physique et la Métaphysique.

Au point de vue social, l'*Initiation* adhère au programme de toutes les revues et sociétés qui défendent l'*arbitrage* contre l'arbitraire, aujourd'hui en vigueur, et qui luttent contre les deux grands fléaux contemporains : le *cléricalisme* et le *sectarisme* sous toutes leurs formes ainsi que la *misère*.

Enfin l'*Initiation* étudie impartialement tous les phénomènes du Spiritisme, de l'Hypnotisme et de la Magie, phénomènes déjà connus et pratiqués dès longtemps en Orient et surtout dans l'Inde.

L'*Initiation* expose les opinions de toutes les écoles, mais n'appartient exclusivement à aucune. Elle compte, parmi ses 60 rédacteurs, les auteurs les plus instruits dans chaque branche de ces curieuses études.

La première partie (*Exotérique*) expose aux lectrices ces questions d'une manière qu'elles savent toujours apprécier.

La seconde partie (*Philosophique et Scientifique*) s'adresse à tous les gens du monde instruits.

Enfin, la troisième partie de la Revue (*Initiatique*) contient les articles destinés aux lecteurs déjà familiarisés avec les études de Science Occulte.

L'*Initiation* paraît régulièrement à la fin de chaque mois et compte déjà vingt-deux années d'existence.

ABONNEMENT :

FRANCE : Un An . . **10 fr.** | ÉTRANGER : Un An . **12 fr.**

Le Numéro : UN FRANC

Administration à la LIBRAIRIE HERMÉTIQUE. 4, rue de Furstenberg, 4 — PARIS

PRIMES Le remboursement du prix de l'abonnement à L'INITIATION est assuré par de nombreuses primes de librairie.

BON PRIME

Contre envoi de ce Bon accompagné d'un mandat de **9** *fr. pour la France et de* **11** *fr. pour l'étranger, M.* .... *à* ....

.... *sera abonné pour un an à* L'INITIATION.

Envoyer à la LIBRAIRIE HERMÉTIQUE, 4, rue de Furstenberg, 4 — PARIS.

LE SECRET

des

Signes de la Femme

❖ ❖

Les disciples de Lavater ont fait de la physiognomonie une science dont les conclusions sont parfois charmantes. C'est ainsi que d'aimables savants n'ont pas craint d'étudier la correspondance des « grains de beauté » ; leurs conclusions sont pour séduire curieuses et curieux.

Au Numéro correspond un signe

1	au bras.
2	à la poitrine.
3	à la jambe.
4	au sein.
5	au ventre.
6	au bas de l'épaule.
7	sous le sein.
8	au bas ventre.
9	au flanc.
10	sur le pied.
11	à l'épaule.
12	à la hanche.
13	à la cuisse.
14	au nombril.
15	à la fesse.
16	Cherchez !
17	au bas de la poitrine
18	au dos.
19	à l'estomac.
20	au rein.

LA MAIN DE FATIME

Une Clef de la Kabbale Orientale

Joseph Balsamo, comte Cagliostro, naquit à Palerme en 1713, visita l'Egypte, l'Arabie, la Perse, Malte, Rhodes, les îles de l'Archipel et Rome, et partout il acquit des sciences qui lui assurèrent une réputation colossale dans l'art des oracles.

Il mourut au château de Saint-Léon en 1795, et c'est là, dans un vieux manuscrit, qu'il a laissé cet oracle : la *Main de Fatime*, dès longtemps en usage chez les peuples de l'Orient et inconnu cependant jusqu'à ces derniers temps. Voici, d'après l'Orientalisme, la traduction de cet oracle ainsi retrouvé :

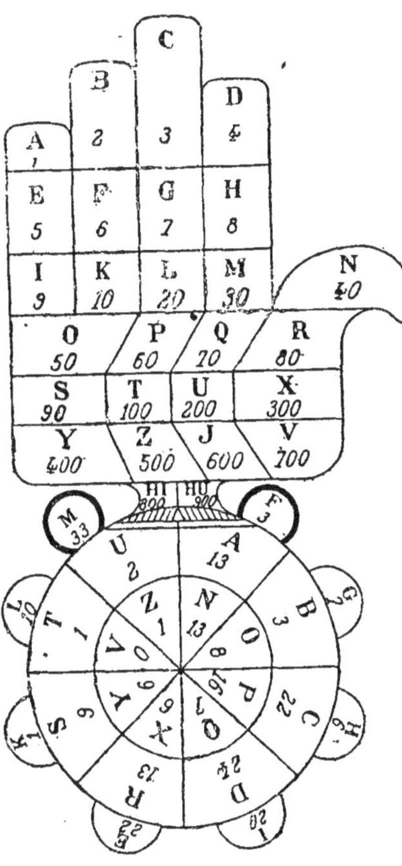

Cet oracle se divise en deux parties : 1° *La Main de Fatime*, ou clef des *nombres individuels* qui servent à déterminer, d'une façon très exacte, le caractère, le tempérament, les aptitudes d'une personne ; 2° le *Double Zodiaque*, clef de l'avenir qui sert à soulever le voile de l'avenir et à plonger ses regards dans les gouffres de la destinée. Ce *Double Zodiaque* est la partie de la figure formée de deux cercles concentriques et placée au-dessous de la *Main de Fatime*, dont elle est séparée par un double trait.

1° La Main de Fatime.

Pour connaître le caractère, les aptitudes, le tempérament d'une personne à l'aide de cet oracle, prendre chacune des lettres du nom et prénom de la personne, et les remplacer par les chiffres correspondants, inscrits en regard de ces lettres dans les casiers qui divisent la Main de Fatime. Additionnez tous les nombres donnés et vous aurez le *nombre individuel* de la personne. Pour avoir la signification de ce nombre, consulter la table de la *Main de Fatime* en observant de supprimer les mille et d'examiner à part quelle est la signification des centaines.

Exemple. — Voulez-vous savoir quel est le nombre individuel de Jean-Jacques Rousseau ?

					R : 80
		J : 600			Q : 50
		A : 1			U : 200
		G : 3			S : 90
J : 600		Q : 70			S : 90
E : 5		U : 200			E : 5
A : 1		E : 90			A : 1
N : 40		S : 5			U : 200
646		969			716

Total : 2331

Le total étant 2.331, je supprime les 2.000 et conserve seulement 331 qui me donnent à la table : Foi ardente, philosophie, pour 300 ; amour de la gloire, pour 31, ce qui rend en effet le caractère de l'homme.

Si le nombre donnait un nombre qui ne se trouvât pas à la table ou qui fût marqué « nul », il faudrait le décomposer par centaines, par dizaines et unités. Le nom de César, par exemple, donne 179. On trouve :

100 $=$ Faveurs, honneurs, gloire ;
70 $=$ Amour de la science.
9 $=$ Imperfections et douleurs, peines, attentat.

Pour Napoléon-Bonaparte, on trouve 801. Or, 800 $=$ Empire, gloire, exil ;
4 $=$ Témérité, largesse, puissance.

Table des Réponses.

1. Passion, ambition, ardeur.
2. Destruction, mort, catastrophe.
3. Mysticisme, amour platonique, rêverie.
4. Témérité, largesse, puissance.
5. Bonheur, fortune, mariage.
6. Perfection, travail.
7. Pureté de sentiments, contemplation.
8. Amour de la justice, honnêteté.
9. Imperfections et douleurs, peines, attentat.
10. Accomplissement, raison, bonheur futur.
11. Défauts nombreux, réussites douloureuses.
12. Porte-bonheur, heureux présages.
13. Impiété, cynisme.
14. Dévoué jusqu'au sacrifice.
15. Croyance, idéal.
16. Bonheur, volupté, amour.
17. Inconstant, volage.
18. Entêtement, incorrigible.
19. Nul.
20. Tristesse, austérité.
21. Brutalité, violence.
22. Invention, prudence, mystère.
23. Calamité, vengeance.
24. Indifférence, égoïsme.
25. Intelligence, naissances nombreuses.
26. Aime à se rendre utile.
27. Fermeté, courage.
28. Faveurs, tendresse, amour.
29. Nul.
30. Noces, célébrités.
31. Ambition, gloire.
32. Hymen, chasteté.
33. Conduite exemplaire.
34. Souffrances, peines.
35. Harmonie spirituelle et corporelle, santé.
36. Grand génie, vastes conceptions.
37. Douces vertus, amours conjugales.
38. Imperfection, avarice, envie.
39. Nul.
40. Fêtes, festins, plaisirs.
41. Sans valeur morale ou physique.
42. Voyages, vie malheureuse et courte.
43. Cérémonies religieuses, apostolat.
44. Pouvoirs, pompe, honneurs.
45. Conception, nombreuse postérité.
46. Vie champêtre, abondance, fertilité.
47. Vie heureuse et longue, exempte de soucis.
48. Tribunal, jugement, ruine.
49. Nul.
50. Captivité puis liberté, bonheur.
60. Veuvage.
70. Amour de la science.
73. Aime la nature, peu l'artifice.
75. Sensibilité, affection, charité.

77. Repentir, grâce finale.
80. Maladie, guérison, longue exis-
    tence.
81. Beaux-arts, culture intellec-
    tuelle.
90. Peu clairvoyant, erreur, afflic-
    tion.
100. Faveurs, honneurs, gloire.
120. Bon époux, fervent patriote.
150. Flatterie, hypocrisie.
250. Irrésolution.
215. Calamité.
300. Foi ardente, philosophie.
313. Clairvoyance, lucidité.
350. Naïveté, espoir dans la justice.
360. Sociabilité, talents nombreux.
365. Calcul, intérêts, égoïsme.

400. Art, amour, emportement.
490. Cloître, ferveur, mystère.
500. Election, honneurs, statue.
600. Victime de l'envie, succès,
    catastrophe.
666. Cabale, complot, effondrement
    social.
700. Force, vigueur, santé.
800. Empire, gloire, exil.
900. Guerrier valeureux, croix, dé-
    corations.
1000. Ambition.
1095. Voué à la persécution, martyr.
1260. Tourments, consolation dans
    la vieillesse.
1390. Faiblesse physique, énergie
    morale.

2° Le Double Zodiaque

Chères lectrices, chers lecteurs, dé-
sirez-vous savoir si vous êtes aimés
ou si vous serez victorieux dans les
luttes que l'avenir vous réserve? Con-
sultez le *Double Zodiaque*.

Pour cela, écrivez votre nom de
baptême et celui de votre adversaire
en amour ou dans la lutte future;
prenez à part la somme que chacun
d'eux vous donnera en vous servant
de l'alphabet du *Double Zodiaque*.

Divisez chaque somme par 9 et
cherchez le nombre qui vous restera
de l'un et l'autre dans les premières
colonnes du tableau ci-dessous. Vous
verrez quel est le nombre vainqueur
de l'autre.

1			3, 1, 7, 9
2	remportera		1, 4, 0, 8
3	la victoire		2, 5, 7, 9
4	sur		1, 3, 6, 8
5			2, 4, 7, 9

6			1, 3, 5, 3
7	remportera		2, 4, 6, 8
8	la victoire		1, 3, 5, 7
9	sur		2, 4, 6, 8

Capitaine FRANLAC.

3

LA CHANCE

et les Lignes de la Main

❧ ❧ ❧

Chacun de ces signes écrit dans la main par la Nature ou dessiné par l'Homme sur du parchemin vierge apporte à celui qui le possède ou le porte sur lui la chance de la planète figurée au début de chaque ligne.

Ces chances sont: — *Jupiter*, chance d'arriver à de hautes situations. — *Saturne*, chance de longévité. — *Le Soleil*, chance de succès en art et en fortune. — *Mercure*, chance de succès scientifiques. — *La Lune*, chance dans la famille. — *Mars*, chance à la guerre. — *Vénus*, chance en amour.

PEUT-ON COMMUNIQUER AVEC LES MORTS ?

Le Bureau Julia.

La question des rapports possibles entre les vivants et les morts n'intéresse, en somme, que quelques penseurs à notre époque. La grosse majorité du public attend d'être « de l'autre côté » pour avoir des idées nettes sur ce sujet. Ceux qui ont lu quelques études fantaisistes ou spirituelles à ce propos croient encore que les faits psychiques ne reposent que sur le charlatanisme, la crédulité des naïfs ou la fraude des médiums.

Pour les initiés à ces études il n'en est pas de même. Un être décédé sur terre est, pour eux, plus vivant que jamais dans un autre plan (et non pas tant dans un autre lieu) d'existence. Le défunt peut être comparé à un Monsieur séparé par une simple porte massive de ceux qui sont dans le même appartement que lui. Il ne voit pas ses amis et eux ne le voient pas non plus, mais il peut frapper à la porte et établir ainsi un alphabet compréhensible dans les deux plans. C'est là le système des prisonniers qui communiquent entre eux au moyen de « coups frappés » dans les tuyaux qui traversent les diverses cellules et c'est

là aussi le système spirite le plus simple de communication entre les deux plans.

Un corps mauvais conducteur de l'électricité comme le bois est suffisant à cet effet, et la table des spirites est assez connue pour que nous ne nous étendions pas trop sur ce sujet.

Mais le progrès du magnétisme et le dressage des sujets ont donné aux « esprits » de nouvelles facilités de communication. Un sujet légèrement endormi peut percevoir les forces intelligentes de l'espace, il est alors sujet ou *médium voyant*, il peut entendre les phrases prononcées par les esprits, il est alors *médium auditif*, il peut enfin s'endormir complètement et laisser l'influence invisible s'emparer de son corps, agir et parler à sa place, il est alors *médium à incarnation*.

On peut aussi communiquer avec l'autre plan au moyen de l'écriture automatique (*médium écrivain*) du plateau alphabétique ou de la table, enfin par la formation d'apparitions complètes ou de fantômes matérialisés qui agissent en dehors du médium (fait de matérialisation). Telles sont les méthodes les plus générales et j'en passe de moins importantes.

* *

Après avoir beaucoup ri des faits psychiques, les véritables hommes de science les ont étudiés avec méthode. Il fallait pour cela d'autant plus de courage que les états de médiumnité rappellent souvent pour les profanes des cas classiques de folie, et ce fut là une véritable barrière élevée entre les psychologues et les médiums. Cependant les recherches cantonnées d'abord dans l'étude des faits purement physiques (déplacement d'objets, enregistrement photographique et sur rouleau enregistreur des actions à distance, etc., etc.) permirent de jeter les premières bases de l'étude sérieuse des faits réellement psychiques, comme la recherche de la personnalité des êtres qui se manifestent en prétendant être des défunts.

La Société d'Études psychiques de Nancy a obtenu des faits très curieux à ce propos et le bulletin de cette Société peut être lu avec fruit par les personnes que cela intéresse.

Parmi les grandes intelligences que ces phénomènes ont conquis il faut citer le directeur de la *Review of Reviews* de Londres, le champion des grandes idées humanitaires à notre époque: *M. William J. Stead.*

A la suite d'expériences de contrôle très minutieux, M. Stead se déclare convaincu d'être en communication avec l'esprit d'une femme journaliste d'Amérique (de son vivant), *M*^{lle} *Julia A. Ames.* Inutile de dire le calvaire gravi par M. Stead pour affirmer sa croyance devant le scepticisme d'une époque où l'athéisme et le matérialisme dominent presque partout.

Le curieux des recherches de M. Stead, c'est qu'après une lutte acharnée il s'est décidé à suivre les conseils de l'Esprit nommé par son petit nom « *Julia* » et qu'il a eu l'idée d'ouvrir un bureau de communication entre les vivants et les morts sous le nom de « *Bureau Julia* ».

Dans le Strand, cette voie si animée et si passante, s'ouvre une jolie rue pleine de bureaux ou « offices », c'est « Norfolk street » : la dernière maison à droite en descendant est le « Nowbray house ». Par un bel escalier de pierre on arrive au « Bureau Julia » situé au second étage.

Sur les conseils de Julia, M. Stead a groupé plusieurs sujets ou médiums qui se contrôlent mutuellement par l'intéressé, par la vision ou par l'écriture. Des secrétaires et des sténographes complètent l'organe humain de réception des communications psychiques.

Voici une grande salle encombrée de beaux meubles et de photographies. Au milieu une grande table, entourée de sept sièges.

Le médium intuitif et voyant, M. Robert King, se place à l'est. A sa droite prend place M. Stead, à la droite de M. Stead Mrs Idith Harper, à la droite de cette dame M. Papus et à sa droite Mrs E. S. Keelo.

La place de Félicie Scatcherd reste vide lors de mon essai personnel.

Le médium se recueille, ferme les yeux, place ses deux mains sur son visage et, après quelques instants de silence, il parle.

Les paroles sont contrôlées par les autres médiums et inscrites et sténographiées par le secrétaire et M. Stead lui-même.

J'ai assisté à beaucoup de séances, j'ai vu en Russie, en Allemagne, en Angleterre et en France, la plupart des grands médiums, et cependant peu de séances m'ont intéressé autant que celle-ci dans sa grande simplicité.

Les communications que j'ai obtenues sans rien demander m'ont étonné par leur précision et le caractère des « esprits » totalement inconnus des médiums. J'ai eu des détails inconnus de moi et qu'il me faudra vérifier sur un papier important laissé par un défunt (ceci pour enlever l'objection de la transmission mentale entre le médium et moi). J'ai reçu aussi des avis sur la manière de mener une campagne entreprise depuis peu et en dehors du milieu spiritualiste.

Après les premiers moments de doute et la pluie de quolibets adressés au « Bureau Julia », « beaucoup de personnes se sont émues. Les communications de Lefèvre, de Lombroso, de Gladstone ont soulevé d'ardentes polémiques et excité une grande curiosité. Il y a eu, vers le « Bureau Julia » une ruée de gens, ne connaissant rien aux questions psychiques et voulant de force obtenir des relations avec des défunts aimés et avec des personnalités inconnues des consultants. Il a fallu faire l'éducation de beaucoup de ces consultants et la réussite a répondu au delà des espérances les plus optimistes.

Les chercheurs sérieux qui veulent essayer de communiquer avec des disparus *qu'ils ont personnellement connus* peuvent aller au « Bureau Julia » et, sur dix essais, ils auront peut-être trois ou quatre succès, ce qui est déjà des plus remarquables.

En créant le « Bureau Julia » M. Stead a rendu de très grands services à l'humanité et son œuvre sera incomprise de la masse des contemporains, mais n'en sera pas moins belle et moins glorieuse pour cela.

D ^r Papus.

LE NOUVEL HYPNOTISME SANS VOLONTÉ

Correspondances de chance
pour l'établissement des Talismans

Minéraux.

Saturne	*Plomb.*	Vénus	*Cuivre.*
Jupiter	*Etain.*	Mercure	*Vif-Argent.*
Mars	*Fer.*	La Lune	*Argent.*
Soleil	*Or.*		

Pierres.

Saturne	*Pierre d'aimant, Calcédoine.*		*lithe, la Pierre Héliotrope.*
Jupiter	*Le Saphir, le Béril.*	Vénus	*Le Lapis-Lazuli*
Mars	*L'Améthiste, le Diamant, la Jaspe.*	Mercure	*L'Emeraude, l'Agathe.*
Le Soleil	*L'Escarboucle, le Chryso-*	La Lune	*Le Cristal, les Perles, le Corail blanc.*

Animaux.

Saturne	*Huppe, Taupe, Seiche.*	Vénus	*La Colombe, le Bouc, le Veau-Marin*
Jupiter	*Aigle, Cerf, Dauphin*		
Mars	*Vautour, Loup, le Lucuim.*	Mercure	*La Cigogne, le Singe, le Trochus.*
Soleil	*Cygne, Lion, le Thimallus.*	La Lune	*Le Hibou, le Chat, le Lurus*

Végétaux.

Saturne	*L'Ellébore (Helleborus niger.)*	Mercure	*La Quintefeuille (Polentillo replans).*
Jupiter	*La Jusquiame (Hyoseranius niger)*	La Lune	*Le Nénuphar (Nymphea alba).*
Mars	*L'Euphorbe.*		*Le Lis blancs (Lilium candidum).*
Le Soleil	*L'Héliotrope, la Renouée.*		
Vénus	*La Verveine*		

Magnétisme ~:~ Hypnotisme

❧ ❧ ❧ ❧

Le professeur H. Durville, qui a fait connaître le Magnétisme à nos contemporains, comme Mesmer et le baron du Potet l'ont fait connaître à nos pères, est un ennemi-né de l'Hypnotisme.

Tous les bienfaits de la vie, dit-il, nous les devons au pouvoir fluidique; l'hypnotisme est une fascination qui n'est utilisable que sur les névrosés et les hystériques, et qui n'a jamais se·vi qu'à des expériences d'hôpital

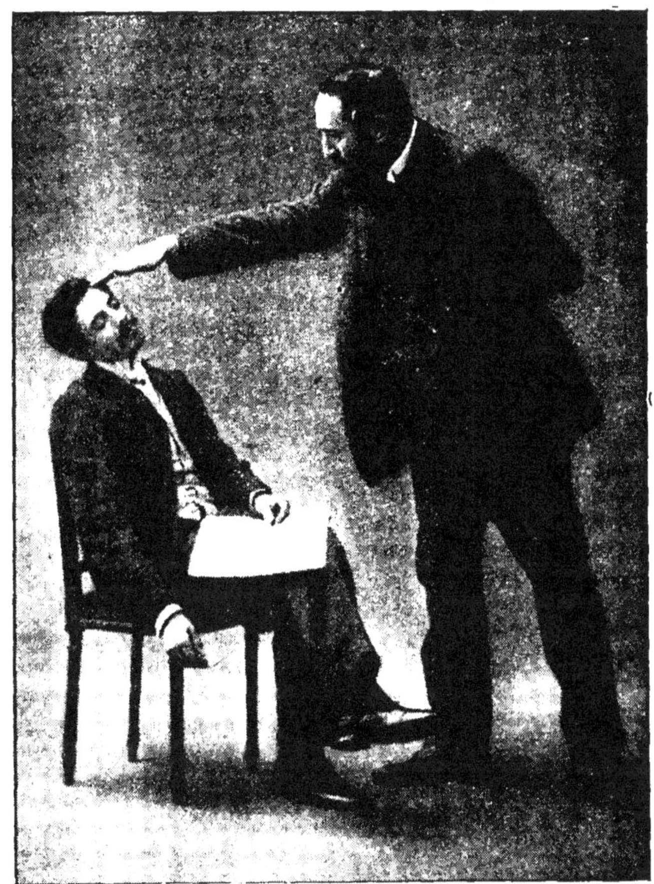

Gravure extraite de l'ouvrage : POUR APPRENDRE LE MAGNÉTISME.

ou à des séances publiques où les Pickman et les Donato ont fait recette, en excitant la curiosité.

Le maître distingué, auquel nous devons tant de livres intéressants, et particulièrement ce *Fantôme des Vivants* qui révolutionne la librairie occulte, me semble bien intransigeant, car la distance qui sépare le Magnétisme de l'Hypnotisme est si minime, qu'il faut pour la distinguer des yeux exercés de professionnels.

Le public, lui, ne voit aucune différence entre les deux sciences, et quand il parle de Pickman ou d'un autre professionnel, il dit généralement : « Le célèbre Magnétiseur ». C'est plus commode à dire qu'Hypnotiseur, et l'on a moins de tendances à prononcer *Hynoptiseur*, et pour lui, c'est la même chose.

Je suis presque de cet avis.

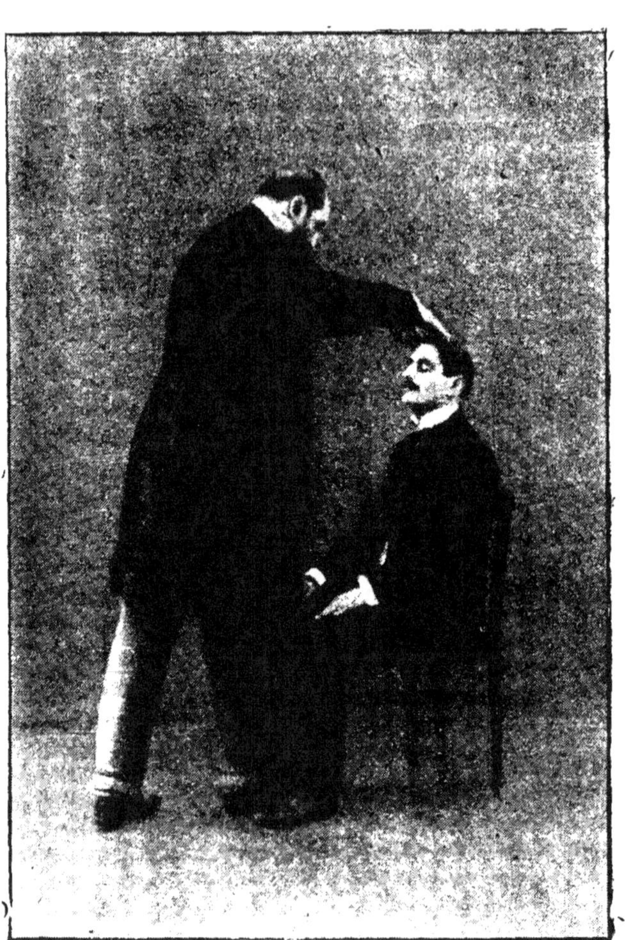

Le directeur de *l'École de Magnétisme* nous dira que le fluide humain ne sert pas seulement à endormir un sujet, mais qu'il guérit les malades bien éveillés ; que des passes remontantes ou descendantes agissent directement par la seule imposition des mains, dégageant l' « aura » mystérieux qu'est le fluide.

Les Drs Charcot et Liébault affirmaient avoir guéri des maladies organiques, *sans un geste,* mais simplement en affirmant au malade qu'il était sauvé, et en lui faisant, *par la*

Gravure extraite de l'ouvrage : POUR APPRENDRE LE MAGNÉTISME.

parole, suivre progressivement la marche de cette guérison.

Le Dr Bérillon, qui dirige avec tant d'autorité l'intéressante *Revue de l'Hypnotisme*, dit en parlant du Dr Liébault : « Il fut l'apôtre d'une hérésie à peine croyable à une époque où il ne serait venu à personne l'idée de secouer le joug de la discipline dogmatique imposée par la Faculté de Paris. Convaincu de l'influence exercée par le moral, non seulement dans la production, mais aussi dans la guérison des maladies nerveuses, le Dr Liébault, excluant de sa pratique les bromures, les douches et l'isolement, imagina des procédés thérapeutiques nouveaux qui sont devenus le point de départ d'une méthode nouvelle, désignée actuellement sous le nom générique de PSYCHOTHÉRAPIE. Bien entendu, comme il n'était investi d'aucune qualité officielle, on n'attacha aucun cré-

dit à ses démonstrations. Ses communications furent absolument dédaignées. Il fut même tenu à l'index par la Société de Médecine de Nancy. Liébault n'en fut nullement affecté, et dans la préface de la seconde édition de son livre sur le *Sommeil et ses États analogues*, il exprime en termes positifs le dédain que doit professer

Gravure extraite de l'ouvrage : POUR APPRENDRE LE MAGNÉTISME.

tout homme de caractère à l'égard des jugements superficiels ou malveillants. Du moment — dit-il — qu'on s'écarte du courant ordinaire de la Science, en s'occupant de choses qu'elle rejette, et que, par conséquent, on ne se range pas derrière ses grands prêtres comme des moutons de Panurge, on se séquestre nécessairement, et les savants et le *vulgum pecus* s'éloignent de vous. Heureux ! si l'on rencontre par-ci par-là quelques timides adeptes qui vous consolent tout bas. Mais en ce cas particulier, qu'importe l'adhésion des savants et du public, quand on est sûr des vérités que l'on met au grand jour ! Qu'importe surtout les anathèmes et les dogmes de la Médecine classique, lorsque, établi sur le terrain solide de l'observation et de l'expérimentation psychique, on a acquis la conviction d'avoir entr'ouvert, non seulement de vastes horizons à une branche naissante de la psychologie, mais encore d'avoir constaté les applications de cette science à l'art de guérir, lesquelles se résument dans la thérapeutique suggestive, *thérapeutique révolutionnaire* au premier chef. »

Le Dʳ Liébault — et après lui les Dʳˢ Bérillon, Babinsky, Liégeois, Farez, Voisin, Régis, D'Hotel, et tant d'autres — font de la PSYCHOTHÉRAPIE.

Le professeur Durville et les médecins de sa clinique font de la MAGNÉTOTHÉRAPIE.

Les uns comme les autres ont entrepris de supprimer la pharmacopée moderne, pour la remplacer par des agents mystérieux, que les premiers appellent « fluide » et que les seconds nomment « suggestion ».

Mais MM. Durville, Encausse, Richet et Moutin, peuvent-ils affirmer qu'ils n'ont jamais fait usage de la suggestion dans leurs cures magnétiques ? Le Dʳ Bérillon peut-il dire qu'il n'a jamais calmé la fièvre d'un malade en lui apposant la main sur le front?

En vérité, il est regrettable, pour le bien de l'humanité, que cette querelle entre magnétiseurs et hypnotiseurs dure toujours. Si les deux camps réunis voulaient faire quelques concessions, que de miracles n'aurait-on pas à constater?

A mon avis — et je crois avoir quelque expérience par vingt ans de pratique — le sommeil artificiel est produit par deux agents qui se fondent en un seul: le fluide, onde mystérieuse produite par la force de volonté du magnétiseur, et la suggestion, effort télépathique de l'hypnotiseur, emprise morale qui produit également une sorte de fluide que le « dominateur » épand sur le « dominé ».

La Psychothérapie, dit le Dʳ Paul Magnien, *est l'ensemble des moyens psychiques et accessoirement physiques qui permettent d'« agir, soit directement, soit indirectement, sur l'esprit des malades, dans un but thérapeutique* ».

La Magnétothérapie ne peut-elle trouver sa signification dans la même définition ?

Vous endormez un sujet par la

puissance de votre fluide. C'est une affaire entendue. Mais ce sujet ne sait-il pas, quand vous le faites asseoir et que vous vous placez devant lui, que vos passes vont le plonger dans le sommeil magnétique ? C'est de la suggestion !

Un malade souffre d'une affreuse maladie nerveuse. La médecine officielle ayant été impuissante, on appelle le Magnétiseur. Le patient ne connaît-il pas d'avance par ses parents et par ses amis la réputation du guérisseur ? N'est-il pas préparé à la suggestion, quand vous imposez vos mains sur lui ?

J'ai dans ma mémoire cent anecdotes véridiques, que je vous raconterai un jour, qui prouveraient que Magnétisme et Hypnotisme s'étayent, se contrôlent et que ces deux forces sont cousines et pourraient se prêter une aide fraternelle, et coopérer à cette œuvre grandiose : la suppression de la souffrance et la prolongation de la vie.

Nous verrons arriver ce jour de l'union complète des Magnétiseurs et des Hypnotiseurs, et j'ai l'espoir que le grand Congrès psychique que va organiser prochainement la *Société magnétique de France*, ne sera pas étranger à cette réconciliation.

Professeur DONATO.

LE PROFESSEUR DONATO.

ADIEU, MANDINE

Conte télépathique

Le clair de lune baignait de sa lumière douce le petit berceau de verdure sous lequel la famille Luquière et quelques amis venaient de célébrer les noces d'argent de M. et Mme Luquière.

Toute la soirée on avait trinqué, toasté, discouru et, l'un après l'autre, les invités prenaient congé.

L'on entendait craquer sous leurs souliers les graviers de l'allée plantée d'eucalyptus géants: puis leurs pas s'éloigner sur la route dont la poussière blanchoyante formait un tapis moelleux qui assourdissait bien vite tout bruit.

La campagne était calme.

Les orangers et les oliviers détachaient leur plaque d'ardoise sur le bleu voisin de la mer où scintillait le blanc sillage de la lune.

Le golfe Jouan dormait dans le repos de cette belle soirée estivale.

A son tour, Mme Gasc se leva et embrassa sa mère.

— Ma pauvre mignonne, combien ce joyeux 16 août eût été plus gai si ton mari avait pu être de retour! lui dit celle-ci en lui rendant tendrement son étreinte.

— Heureusement on peut maintenant compter par jours et non plus par semaines.... Dans huit jours, Paul va s'embarquer et la première semaine du mois prochain il sera ici... A demain, maman: je m'en vais relever Térésoun de sa garde auprès de mon petit Jacques.

Mme Gasc se dirigea vers le chalet.

A travers la haie de myrtes et les buis taillés en boulingrins, elle entrevoyait le rougeoiement du cigare de son père qui faisait les cent pas avec le capitaine Ardisson, toujours le dernier à sonner la retraite.

Au passage, elle prit gracieusement congé des deux fumeurs, puis ouvrit la porte du tambour d'entrée de la salle à manger, la traversa d'un pas alerte et gravit l'escalier.

Là-haut, Térésoun chantait à mi-voix:

> Son — son, veni, veni,
> Son — son, veni don,

accompagnant, d'un dodelinement de sa tête alourdie, l'endormante mélopée des mères et des bonnes d'enfant provençales.

A la vue de sa maîtresse, elle interrompit son chant pour lui montrer avec un certain orgueil le baby qui, souriant et rose, sommeillait les poings fermés.

— Le petit ne voulait pas s'endormir sans vous, madame. Ce sont ces maudits pétards qui l'ont tenu éveillé jusque vers dix heures, mais ensuite, il a pris son somme comme un petit ange.

— Bien, bien, ma fille! Allez respirer un air de fraîcheur avant de vous coucher : je vais veiller un peu monsieur Jacques.

Térésoun s'était levée et sortait.

— Comme il fait chaud ! Le cabinet de toilette est ouvert, n'est-ce pas ?

— Oui, madame.

Sa main contre la menotte moite du bébé, sa joue appuyée contre les ferrures du lit, Mme Gasc s'oublia dans ses pensées.

Que faisait-il, le voyageur ? Dans quel coin de New-York ou de Brooklyn passait-il sa soirée ? Songeait-il à elle et à leur Jacques chéri ?

Un bruit singulier la tira de sa rêverie. La veilleuse crépitait, comme près de s'éteindre.

Le vent mugissait avec rage dans la cheminée ou plutôt non, ce n'était pas le vent, c'était un fracas atroce, comme une tempête contenue dans un espace de quelques mètres.

Et en même temps une frayeur si dominante saisit la jeune femme que la pensée germa un instant dans son esprit de fuir à l'étage au-dessous et de se réfugier chez ses parents avec le bébé.

Mais comme elle s'efforçait de réagir contre cette nervosité soudaine et ridicule, elle vit le devant de cheminée trembler comme s'il allait crouler.

Puis le bruit, qui l'avait terrifiée, s'apaisa subitement.

La veilleuse semblait avoir repris une vie nouvelle.

Madame Gasc, un peu remise de sa frayeur, se félicita d'avoir eu le courage de ne pas troubler le sommeil de ses parents et jeta un coup d'œil à sa montre avant de faire avaler à l'enfant qui s'éveillait une demi-tasse de lait qui tiédissait sur la veilleuse.

Il était près d'une heure du matin.

Alors Mme Gasc entra dans le cabinet attenant à la chambre pour y faire sa toilette de nuit et, par la fenêtre, dont Agathe avait jugé inutile, par cette chaude soirée, de fermer les contrevents, elle vit la campagne de nouveau baignée par le clair de lune, le ciel pur, bleu, empli d'étoiles.

On eût dit que le cyclone n'avait haché ni une feuille d'eucalyptus, ni une aiguille de pin.

Quelques minutes plus tard, Mme Gasc sommeillait auprès de son enfant.

Une voix connue la réveilla.

Il était plein jour dans le cabinet entr'ouvert et comme elle s'asseyait sur son lit, de nouveau elle entendit distinctement la voix aimée, mais combien altérée, combien douloureuse, la saluer d'un nouvel: « Adieu, Mandine ! »

Rêvait-elle ?

D'un bond, elle fut debout.

Rien dans la chambre, dans le cabinet, sur le palier.

Elle avait donc rêvé.

Pauvre Armande, qui ne savait pas se résigner à cette solitude !

Le bébé, éveillé par le brusque mouvement de sa mère, s'étirait et commençait à gazouiller.

Mme Gasc ouvrit toute grande la fenêtre pour laisser entrer le bon soleil de huit heures du matin.

.·.

Durant la journée, Mme Gasc eut l'occasion de parler, pendant la visite quotidienne du capitaine Ardisson, de la tempête de la nuit.

Il sourit.

— Une tempête de champagne, ma chère enfant. Vous n'avez pas l'habitude de ces petites orgies, et d'ailleurs, voyez, moi qui suis un vieux loup de mer, comme votre père, moi qui ai sablé pas mal de bouteilles dans mon existence, nos excès d'hier m'ont mis hors d'état de dormir et j'ai passé la nuit à me promener en compagnie de mon asthme, de long en large et de large en long, dans mon jardinet.

— Vraiment vous n'avez pas dormi ?

— Hélas ! pas une seconde.

— Et vous êtes certain qu'il n'y a pas eu un orage ?

— Pas le moindre ! Je vous le répète, j'ai dormi deux heures ce matin mais de minuit à six heures, je n'ai pas cessé d'aller et de venir.

— Mais alors la tempête que j'ai entendue ?...

— C'est le champagne.

— Et la cheminée que j'ai vu trembler, prête à crouler ?

Ardisson rit bruyamment.

— C'est encore, c'est toujours le champagne. Eh ! Qu'aurait dit Gasc s'il était arrivé cette nuit ? Je crois, Dieu me pardonne, qu'il aurait trouvé sa femme pompette !

Et le capitaine Ardisson se remit à rire de plus belle.

.·.

Il fut moins gai, le pauvre capitaine Ardisson, à quinze jours de là, quand il décacheta la lettre que voici :

« Mon cher Ardisson,

« Je suis à la fois heureux de t'avoir retrouvé et malheureux de t'écrire ces lignes dans d'aussi tristes circonstances.

« M. Gasc, par qui j'ai eu de tes nouvelles, est disparu et j'ai le pénible devoir de te charger d'en informer avec les ménagements nécessaires sa famille.

« Le steamer *le Girondin*, de la Compagnie franco-américaine, que je commandais en second, avait quitté la rade de New-York, le 16 août à 3 heures de l'après-midi, et nous étions à environ vingt lieues de cette ville, quand un peu après 4 heures de la nuit nous fûmes abordés en arrière de la machine par un énorme steamer.

« Il n'avait pas allumé ses feux et, dans le brouillard de l'aube, l'homme de vigie l'aperçut trop tard.

« J'avais eu la veille l'occasion d'échanger quelques mots de toi, mon vieux camarade, avec M. Gasc qui m'avait dit les liens d'amitié qui t'unissent à la famille de sa femme.

« Il était très gai, tout heureux d'avoir pu devancer de huitaine la date primitivement fixée pour son embarquement.

« Après la collision, il nous a donné un concours intelligent et dévoué pendant l'organisation du sauvetage, car naturellement l'Américain, selon leur habitude, avait détalé le coup fait. Les cinq embarcations du bord furent en effet mises à la mer.

« J'eus le commandement de l'une d'elles et nous nous efforçâmes de naviguer de conserve pendant les premières heures de la matinée du 17 août, mais une forte brume

s'étant élevée vers 10 heures, nous nous perdîmes de vue.

« J'eus la bonne chance de rencontrer, le 19, la barque *Elzie* allant de Brême à Baltimore et de sauver ainsi 17 de mes compagnons sur 20 que nous étions. Deux sont morts de froid et de privations.

« Jusqu'ici toutes les recherches faites pour se procurer des nouvelles de nos compagnons d'infortune avaient été vaines et nous avons l'espoir qu'ils avaient eu une chance égale à la nôtre.

« Malheureusement j'ai été appelé hier à reconnaître notre canot insubmersible sur lequel s'était embarqué M. Gasc et que la *Blanche-Caroline* de Nantes a recueilli, il y a trois jours flottant à la dérive en pleine mer.

« Ce malheureux canot était vide de ses passagers, mais on a trouvé près de la soute d'arrière un chronomètre brisé et tordu portant gravé dans la cuvette le nom de M. Gasc et un portefeuille contenant quelques papiers détrempés par l'eau de mer.

« La Compagnie fera régulièrement parvenir à la famille ces précieuses reliques.

« Comme le chronomètre, empli d'eau salée, s'est arrêté à 11 heures 23 minutes, il est probable que c'est à cette heure qu'un coup de mer a enlevé les passagers et brisé le verre du chonomètre.

« Les notes de M. Gasc sur le calepin de son portefeuille, d'un crayon encore lisible quoique très lavé, s'arrêtent sur ces mots : « Adrien, Mandine », ou peut-être : « Adieu, Mandine. »

« Cette dernière lecture m'a été suggérée par une photographie de femme et d'un enfant au dos de laquelle j'ai cru déchiffrer cette signature.

« Ces détails m'ont paru devoir t'être donnés car ils sont selon toute probabilité tout ce qui pourra être recueilli de nature à intéresser la famille du défunt.

« Je pense pouvoir m'embarquer pour la France la semaine prochaine et tâcherai d'aller pousser une pointe jusqu'au golfe Jouan.

« Ton dévoué camarade,
OLIVIER LÉPINE. »

Quand on donna connaissance, trois jours plus tard à Mme Gasc de cette lettre et que son père lui lut l'adieu tracé par le crayon de son mari, elle poussa un grand cri :

— C'est sa voix que j'ai entendue, sa voix dont l'accent douloureux m'a réveillée en sursaut, cette fatale matinée du 17 août. Ce pauvre ami n'a pas voulu partir sans dire un dernier adieu à sa Mandine.

*
* *

— Propos de femme exaltée et nerveuse ! s'écria le vieux praticien Groussin, à la table de qui nous dînions, comme pour taquiner Grandcolas, un des meilleurs élèves de Richet, qui semblait arrivé au terme de son récit. La télépathie n'est une science que pour quelques emballés et l'énorme majorité des charlatans.

— Pardon, confrère, répondit Grandcolas. J'appelle votre attention sur ce fait. La montre marquait 11 heures 23, selon toute probabilité lorsqu'une vague emporta M. Gasc et c'est à près de 8 heures que Mme Gasc au golfe Jouan entendit l'appel de son mari. Lors de la commotion, il était à bord environ 4 heures de la nuit et c'est à 1 heure du matin à peu près que Mme Gasc perçut ce qu'elle appelait un cyclone et vit trembler sa cheminée.

— Eh bien ! interrogea le vieux médecin d'un air railleur.

— Eh bien, mon cher confrère, l'*Annuaire des longitudes* vous démontrerait d'un seul coup d'œil que 4 heures passées de la nuit au lieu du sinistre, c'est à peu près 1 heure du matin au golfe Jouan, et que 11 heures 23 dans des parages peu distants du lieu du sinistre, cela peut être 8 heures du matin au golfe Jouan. Voilà tout ce que j'ai à dire.

Le vieux Groussin haussa les épaules :

— Mais l'*Annuaire des longitudes* ne fait pas que Mme Gasc ne soit ni nerveuse ni hallucinée.

— Et qui vous a dit le contraire ? Sans hallucination, il n'y aurait pas de phénomènes de ce genre. Qu'il y ait des charlatans, personne ne le nie. Cela empêche-t-il les savants de vouloir rechercher la vérité sans parti pris ? Étudiez les observations des maîtres et nous discuterons ensuite...

Et nos deux augures se lancèrent dans une dissertation à perte de vue sur les sciences psychiques.

ALBERT SAVINE.

La Graphologie
des Jeunes Filles

❧ ❧ ❧ ❧ ❧

Les jeunes filles possèdent dans la graphologie un moyen aussi merveilleux que subtil de découvrir sans peine les tendances cachées de leurs amies et, aussi, de leurs amis, parmi lesquels se trouve peut-être l'heureux époux de demain.

Mais la graphologie, me direz-vous, c'est une Science (avec un grand S), et cela demande des études ardues autant qu'ennuyeuses, et nous ne voyons pas bien les jolis fronts se plisser pour établir les rapports du signe de la modestie avec celui de la ténacité et pour tirer l'horoscope de cet alliage inattendu. Certes, non.

Au risque de me faire traiter de vandale et d'affreux ignorant par les doctes graphologues compliqués, je vais proposer à nos lectrices un système d'examen des écritures aussi simple que facile, sans règles techniques à retenir et sans combinaisons savantes.

Il leur suffira de regarder, dans une écriture quelconque, une seule lettre de chaque sorte pour déterminer rapidement :

L'orgueil ou l'humilité du correspondant ;

Sa discrétion ou son impossibilité de garder un secret ;

Sa volonté ou son entêtement ;

Ses tendances optimistes ou pessimistes ;

Si l'ordre ou le désordre existent dans ses tiroirs ;

S'il s'habille avec goût ;

S'il est calme ou colère.

Quand nous saurons tout cela, il nous sera facile d'aller plus loin et de déterminer aussi facilement comment il faut marier les écritures pour obtenir des ménages modèles.

La lettre *m* a trois jambages. Le premier indique la personne qui écrit, le second, la personne à qui l'on écrit et

le troisième, la personne de qui l'on écrit !

Si votre correspondant est orgueilleux, il dominera les deux autres personnes, comme le premier jambage

des *m* domine les autres ; s'il est modeste, il se laissera dominer ; s'il est égalitaire, tous les jambages seront égaux.

Si vous êtes peu susceptible, Mon-

sieur, de garder un secret, alors vous

4

ouvrez facilement votre bouche, aussi facilement que vos *o* et vos *a*.

Si, par contre, vous êtes discret, vous fermez par habitude la bouche,  et par conséquence analogique, vos lettres *o* et *a*.

Etes-vous optimiste? Vos barres de *t*  s'élancent hardiment vers le ciel, comme votre imagination. Etes-vous, au contraire, chagrin et pessimiste, vos barres plongent dans le centre de la terre, comme vos idées vous  portent à vous enfouir dans un grand trou noir... Brr... Etes-vous entêté comme une mule, une boucle entoure votre *t*, l'emporte  avec elle loin de la logique et de la pondération !

Etes-vous nerveux, irritable, toujours prêt à formuler que vous êtes le plus malheureux des hommes... alors vos lettres sont pointues et aiguës. Voyez-vous au contraire un *n* aux jambages calmes et bien arrondis,

alors, celui qui a écrit cette forme de lettre est un « papa tranquille » sa-  chant supporter et surtout pardonner les scènes les plus violentes.

Votre correspondant a-t-il de l'ordre ?... S'il met exactement les points sur la lettre *i*, il a l'amour de l'ordre et de l'exactitude, il est toujours très bien  coiffé à l'heure convenable. S'il n'oublie pas le point, mais le pose sur la lettre qui précède ou sur celle qui suit la lettre *i*, alors il a de l'ordre seulement par accès, quand « cela lui dit » autrement il est mal coiffé et n'est jamais absolument exact au rendez vous. Malheureux fiancés, que de battements de cœur en perspective ! Grand  Dieu ! viendra-t-il ! Déjà deux minutes de retard. Ciel ! que je suis inquiète ! S'il oublie son

point sur l'*i*, alors prenez un inten-
dant pour tenir les comptes !

Mettez la missive reçue
bien droite et voyez com-
ment se terminent les li-
gnes. Allant vers le haut,
elles indiquent l'ambi-
tieux que rien ne rebutera.
S'écroulant vers la terre,
elles signalent le déveinard
qui manque tout par
défiance de soi. En-
fin allant en zigzag,
elles indiquent l'in-
dolent, travaillant par
à-coups et laissant
doucement passer la
vie.

On s'habille comme on écrit la lettre *d*. Celui qui écrit ses
d avec une simple boucle
s'habille en bohème sans
prétention. Celui là qui
entortille trois fois en coli-
maçon la boucle de ses *d*
a l'habitude des cravates
à tons criards et de l'élé-
gance sans goût. Cet autre qui fait
ses *d* régulièrement, avec une barre
droite, c'est le notaire, ou le magis-
trat, moralement bien
entendu. Ses costumes
sévères correspondent à
sa lettre. Enfin celui qui
retourne ses *d*, inaugure
des costumes esthétiques
autant qu'étranges, s'ha-
bille à l'envers du sens
commun, aime les coiffures d'un goût
douteux, les orchidées morbides et les
redingotes à longue taille.

Un poète a dit que chaque homme a
dans son sein un animal qui sommeille.
Ce poète croyait inventer quelque
chose alors qu'il déformait une conception antique. Pour les anciens, en
effet, l'Homme avait en lui trois inci-
tations passionnelles symbolisées par
des animaux, et l'ensemble de cette
conception philosophique constituait
le Sphinx. Le Sphinx a des flancs de
taureau, des griffes de lion, des ailes
d'aigle et une tête d'homme. Chacun
de ces symboles est devenu celui des
évangélistes.

Le taureau symbolise
l'instinct et dénote la
catégorie des êtres hu-
mains que nous appel-
lerons les tranquilles et
qu'Hippocrate appelait
les lymphatiques ; leur

écriture est ronde et molle, bien appuyée, calligraphique, les *o* et les *a*
sont en majorité ronds et fermés, la
barre du *t* est hésitante et tracée à la

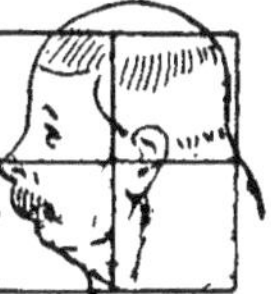

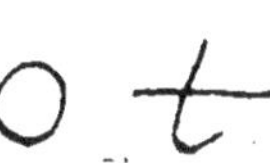

partie inférieure de la lettre, les *n* sont
ronds et bien formés.

Le lion symbolise l'activité et le
courage physique. Il se
rapporte aux êtres hu-
mains que nous appel-
lerons animistes ou ac-
tifs et qu'Hippocrate
appelait les sanguins.
L'écriture est hésitante

et en zigzags. Les *o* et les *a* sont en
majorité ronds et ouverts, la barre du *t*

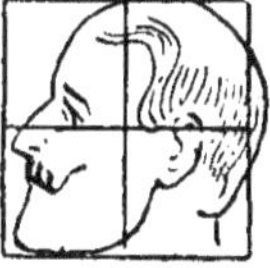
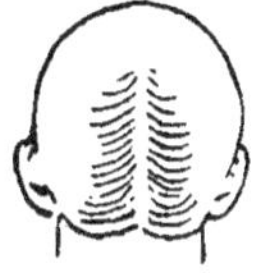

est ascendante, les *n* sont ronds et
mal fermés.

L'aigle symbolise
l'intellectuel ou pessi-
miste, celui qui est le
plus souvent dans les
nuages que sur la terre
et qu'Hippocrate ap-

pelait le nerveux. Son écriture est pointue et pénétrée. Les *o* et les *a* sont en majorité pointus et ouverts, ses *t*

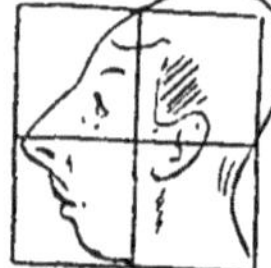  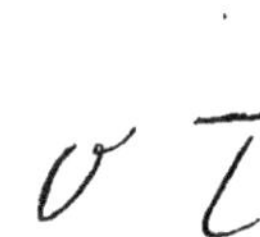

sont barrés d'une barre longue, fine et souvent descendante, ses *n* sont pointus et allongés.

La tête humaine symbolise la volonté et représentait le tempérament  bilieux d'Hippocrate. Son écriture est droite, ferme et égale, souvent renversée. Ses *o* et ses *a* sont en majorité pointus et fermes. Il barre ses *t* d'une barre courte, droite, bien au milieu et très ferme, ses *n* sont pointus et ramassés.

Ce sont là les quatre tendances gé-

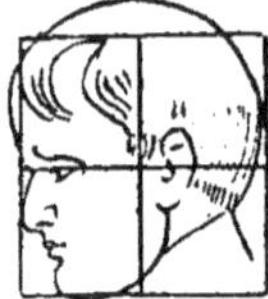 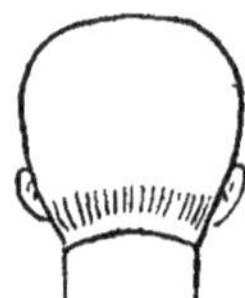

nérales de l'être humain qui ne sont jamais simples, mais se trouvent toujours à l'état de combinaison dans la formule du tempérament, comme les quatre corps simples, hydrogène, oxygène, azote et carbone, dont les combinaisons constituent toute la chimie organique.

Le bonheur pour chacun de ces éléments se caractérisera symboliquement par l'union des hiéroglyphes. Le taureau aura le bonheur instinctif avec le lion, sentimental avec l'aigle et intellectuel avec la tête humaine. Le lion aura le bonheur instinctif avec le taureau, sentimental avec l'aigle et intellectuel avec la tête humaine. L'aigle aura le bonheur matériel avec le taureau, sentimental avec le lion, intellectuel avec la tête humaine. Enfin, le volontaire (caractérisé par la tête humaine)

trouvera le bonheur matériel dans son association avec la tranquille (taureau), le bonheur sentimental avec la sanguine (lion), et le bonheur intellectuel avec la nerveuse (aigle). Les figures ci-jointes indiquent les principaux caractères physiognomoniques correspondant aux formes des lettres et aux hiéroglyphes, et les exemples suivants vont permettre à nos lectrices de pratiquer les enseignements qui précèdent.

Ainsi voyez l'écriture de Mme Ackté avec ses grandes lettres penchées, ses

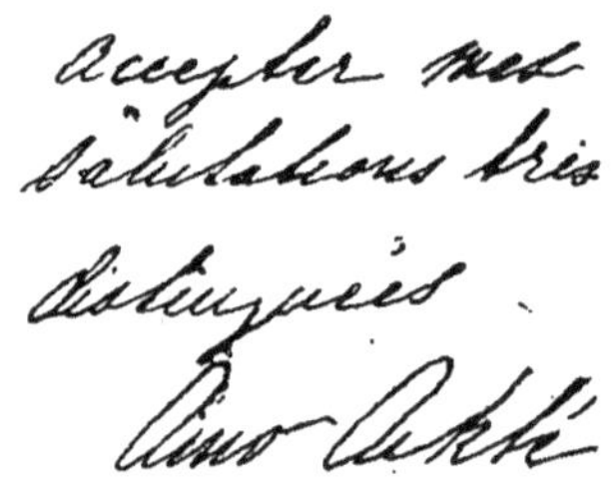

n pointus, ses *o* généralement fermés. C'est une nature sentimentale et volontaire.

Avec l'écriture de l'artiste exquis qu'est Le Sidaner, il y aurait complémentarisme sur le plan matériel. En

effet, les lettres penchées et grandes sont équilibrées par les petites lettres droites et tremblées. Les *a* et les *o* sont complètement ouverts, les lettres sont séparées dans les mots et les *n* seuls restent pointus. Cela indique que l'accord, complet sur le plan matériel, ne serait plus aussi parfait pour les idées. C'est un mariage de la première catégorie.

Les quelques lignes de M. Emile Combes nous montrent des *a* fermés, des *i* bien pointés en majorité. De plus,

l'écriture est formée de lettres épais-
ses, petites, et les *t* ont la barre du vo-

lontaire et un peu de l'entêté.

Chez Mme Ackté la barre du *t* de
trés et de la signature est pessimiste
avec un peu d'entêtement aussi (*t* en
boucle). Ces deux écritures sont com-
plémentaires sur le plan de sentiment
seulement. Au point de vue intellectuel, il y a deux entêtements; au point
de vue matériel, deux activités sembla-
bles qui se repoussent. Au point de vue
sentimental, au contraire, la nervosité
de l'écriture féminine est strictement
équilibrée par l'audace opiniâtre de
l'autre écriture. Il en est de même,
avec une forme plus artiste et plus
optimiste de la note écrite par Edmond
le Roy. Voyez ses barres de *t* allant au
ciel, ses *n* arrondis, sa signature me-

naçant le soleil même. Ajoutez-y ses
petites lettres séparées et son joli *a*
d'esthète et vous y verrez l'idéal du
mari, ami tendre de sa femme. Si ces
deux natures en restent aux déclara-
tions, c'est l'idéal. Mais il ne faut pas
entamer de discussions artistiques, car
à ce moment l'accord cesserait aussitôt.

Prenons maintenant une tout autre
nature féminine. Voici quelques exqui-
ses pattes de mouche de Mme Roger
Miclos. C'est une nature absolument
inverse de celle de Mme Ackté, pour
laquelle elle serait une amie à toute
épreuve. Remarquez les lettres jetées
à la diable sans liaison, mais les points
sont sur les i et les accents sur les
lettres. Il y a de l'ordre, mais par accès. Les *a* sont ouverts, les *n* vague-
ment pointus avec des barres de *t* op-

timistes. C'est en somme un bon
gamin de Paris, spirituel jusqu'au bout
des ongles, pas défiant et dévoué jusqu'à

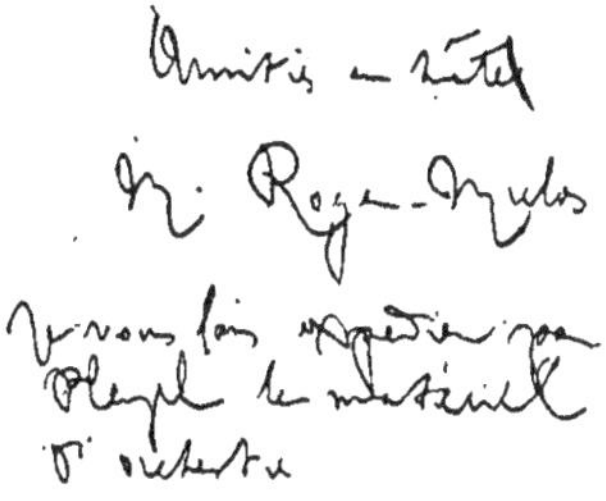

l'héroïsme. Mais quels brusques changements d'humeur ! Pour équilibrer un
caractère aussi « Fulmicoton », il faut
tout le calme de Léandre. Voyez comme

l'*a* de sa signature est bien fermé,
comme ses traits sont tracés ferme-
ment. Voilà le mari idéal pour inté-
rieur familial à sentiments durables.
Chaque petite dispute se termine par
un tendre raccommodement.

Pour une nature du genre de celle
de Mme Miclos, l'ami sûr et fidèle
nous apparaît en Emile Goudeau, le

EMILE GOUDEAU

délicieux poète. Avec le musicien Ga-
briel Fabre, il y aurait aussi emballe-

ment cardiaque, tant cette nature est
délicieusement artiste, mais avec le

compositeur Jemain il y aurait disputes permanentes par identité des mêmes qualités. La nature humaine n'est pas simple. Chaque être humain possède deux tendances principales et deux secondaires qui constituent son tempérament. Les figures ci-dessus indiquent les rapports graphologiques et physiognomoniques des quatre tempéraments principaux et simples : le tranquille ; l'actif corporel ou san-guin ; le mélancolique ou passif intellectuel ; et le volontaire ou actif intellectuel.

Pour réaliser le bonheur matériel, il faut marier l'Ange au Bœuf, pour réaliser le bonheur sentimental, il faut unir cet Ange au Lion, alors que l'union de l'Ange et de l'Aigle ne donnera que des joies intellectuelles.

PAPUS.

LIBRAIRIE HERMÉTIQUE

4, rue de Furstenberg, PARIS

Récentes Publications :

F.-Ch. Barlet. — **L'Évolution sociale.**
Etude historique et philosophique
de Sociologie Synthétique. « *Qui-
conque n'écoutera pas la voix de
Dieu sentira sa main.* » (Isaïe).

Anatomie et Physiologie de la Société
considérée comme un organisme en formation, doué d'une âme et d'un corps. — Clas-
sement de ses formes possibles. — Naissance et transformation des nations à travers
ces formes (histoire philosophique des ré-
volutions). — Involution correspondant à
l'évolution sociale (preuves historiques). —
Lois générales cycliques présidant à la vie
de la Société et au progrès humain (preuves
historiques). — De l'état actuel. — D'une
forme sociale pratique qui synthétise toutes
les autres au lieu de les opposer.

Un vol. in-8 carré. . . . . 5 fr.

Louis Boyer-Rebiab. — **La Volonté
Magnétique Dominatrice.** Guide
secret du Succès.

I⁰ partie: Les formes du **Magnétisme**
général: *Magnétismes classique ou électri-
que, naturel, physiologique, thérapeutique,
télépathique,* avec notions essentielles de
Physiognomonie et de *Graphologie.* — II⁰
partie: L'**Energie**: *Energie physique* (avec
alimentation économiquement fortifiante,
travail et repos rationnels) et *Energie mo-*

rale complémentaire, avec plan très dé-
taillé. — III⁰ partie: **La Domination**:
Domination volique par la concentration des
pensées, les vibrations mentales, la respi-
ration dynamique, la puissance volique;
Domination directe par le rayonnement
total, la quiétude intégrale, le regard fixe
central, l'absorption condensatrice; *Domination latente* par la tactique rationnelle,
le domptage des contreforces, la thérapeutique pulmonaire, l'action indéfectible, etc.

Un vol. in-8 carré, illust., cart. toile
(tirage limité). 10 fr.

Congrès Spiritualiste
de Juin 1908
Sous la présidence du
Dr PAPUS

Compte-Rendu complet
des Travaux du Congrès
et du couvent maçonnique spiritualiste

Spiritualisme. — Christianisme ésotéri-
que. — Magnétisme et sciences annexes.
— Maçonnerie spiritualiste.

Un vol. in-8⁰ carré, de près de
300 pages. 5 fr

BIBLIOTHÈQUE DE LA VOIE

Dépôt exclusif : 4, rue de Furstenberg, PARIS

à la LIBRAIRIE HERMÉTIQUE

Matgioi. — **La Voie Métaphysique.**
— Un volume in-8 carré. 7 fr. 50

Matgioi. — **La Voie Rationnelle.** —
Préface par Alta. — Un vol. in-8
carré. . . . . 7 fr. 50

Simon-Théophane. — **Les Enseignements secrets de la Gnose.** —
Préface par Synésius, patriarche
gnostique. — Un volume in-8. 5 fr. »

Matgioi. — **La Chine des Lettrés.**
— Un volume in-8 carré. 5 fr. »

Leur caste. — Leur histoire, leur influence.
— Leur religion. — Leurs philosophies.
— Leur morale, leur politique. — Leurs
œuvres.

La Voie, Revue de Haute Science,
collection complète de trois années,
soit 35 numéros de 96 pages chacun, 1 fr. le numéro, soit. 36 fr. »
(*Les Collections ne se détaillent pas*).

Publications des " AMIS de St-YVES "

Dépôt exclusif à la LIBRAIRIE HERMÉTIQUE
4, RUE DE FURSTENBERG, 4. — PARIS

Œuvres de Saint-Yves d'Alveydre

Le mystère du Progrès, tragédie héroïque en 5 actes. — (Epuisé) . . . . 3 »

Maternité Royale (adaptation des Mystères d'Odin). — Plaquette in-8 . . . . . . 1 »

Notes sur la tradition cabalistique. — (Epuisé) . . . 1 »

Jeanne d'Arc victorieuse (adaptation des mystères ésotériques à la vie de Jeanne d'Arc). Sera bientôt épuisé. — 1 vol. in-8 . . . . . 5 »

Souvenir du Jeudi 20 septembre 1900. — Plaquette rarissime tirée à 100 exemplaires seulement : **Amrita — Credo — Bénédiction — L'Etoile des Mages** . . . 2 »

L'Empereur Alexandre III (adaptation poétique de l'alphabet des 28) 2 50

De l'utilité des algues marines (adaptation des mystères ésotériques à l'hygiène et à la médecine). — Très rare. 1 »

Mission actuelle des ouvriers (application sociale de la Synarchie) . . . . 2 »

Le Poème de la Reine (adaptation des 22 clefs hébraïques). 2 »

L'ordre économique dans l'électorat et dans l'Etat. — (Epuisé).

Funérailles de Victor Hugo. — Plaquette in-4 (épuisé). — Pour collections seulement. 2 »

Le Centenaire de 1789. — (Epuisé) . . . . . . 2 »

Les Etats Généraux du suffrage Universel. — *Adresse et réponse.* — *Discours.* — Les deux brochures ensemble. 1 »

Œuvres de St-Yves d'Alveydre devenues classiques

Mission des Juifs, résumé de l'Histoire Universelle dans son adaptation synarchique. — Un superbe volume de 950 pages. Nouvelle édition, augmentée d'une *Table alphabétique de tous les noms propres cités*, et orné d'un portrait de l'auteur gravé, net. 20 »

Mission des Souverains. — Histoire de l'Europe avec adaptation synarchique, presque épuisé. . . . . net. 10 » (Le prix de cet ouvrage sera prochainement augmenté).

La France Vraie. — Histoire de la France dans son adaptation synarchique. 1 gros vol. in-8 . . . . . net. 7 »

Vient de paraître :

MOISE - SAINT-JEAN - LES PATRIARCHES.
Un beau volume gr. in-8 avec 6 planches et portrait . . . 10 »

BON-PRIME DE LIBRAIRIE

Contre envoi de ce Bon-Prime à la **Librairie Hermétique,** tout acheteur de l'**Almanach** pourra avoir le superbe ouvrage posthume de Saint-Yves d'Alveydre : LES PATRIARCHES, MOISE, JÉSUS, au prix de *huit* francs au lieu de 10 francs.

Envoyer avec ce bon-prime un mandat-poste à la **Librairie Hermétique,** 4, rue de Furstenberg. Joindre o fr. 5o pour envoi recommandé.

LES CLASSIQUES DE L'OCCULTE

PUBLIÉS SOUS LES AUSPICES DE

l'Ordre kabbalistique de la Rose ✝ Croix

La Science Kabbalistique ou l'Art de connaître les bons génies qui influent sur la destinée des hommes avec l'explication de leurs talismans et caractères mystérieux, et la véritable manière de les composer, suivant la doctrine des anciens Mages Egyptiens, Arabes et Chaldéens, recueillie d'après les auteurs les plus célèbres qui ont écrit sur les Hautes sciences. Par LENAIN. — Réimpression de l'édition originale de 1823, soigneusement revue et corrigée, avec lettre-préface de PAPUS. Un volume in-16. . . . . . 7 fr.

Les Sept Livres de l'Archidoxe magique de Paracelse. — Traduit pour la première fois du latin en français, avec une introduction et une préface par le Dr *Marc Haven;* texte latin en regard de la traduction. Un volume gr. in-8, orné de 100 gravures de talismans, figures cabalistiques, tableaux astrologiques, etc., dans le texte, et de 8 planches hors texte, avec un portrait de Paracelse en frontispice.

Prix. . . . . . 10 fr.

L'Archidoxe magique ne traite pas seulement de la cure des Maladies, mais aussi, avec toute la clarté désirable, de la grande science des *Talismans.* Paracelse, envisageant chacun des cas pour lesquels on peut désirer faire un talisman, donne d'une manière claire et précise la façon de procéder point par point, indiquant le métal à employer selon les circonstances, les caractères à dessiner ou à graver pour chaque cas (*avec figure à l'appui*) et les consécrations magiques qu'il est nécessaire de faire pour l'efficacité complète de ces talismans.

L'Archidoxe magique comprend encore sur l'*Astrologie,* l'*Alchimie* et la *Kabbale* de nombreuses données indispensables pour la réalisation.

PRIMES DE LIBRAIRIE

La LIBRAIRIE HERMÉTIQUE offre aux lecteurs de l'*ALMANACH DE LA CHANCE ET DE LA VIE MYSTÉRIEUSE* les primes de librairie suivantes :

1° **L'ALMANACH DE LA CHANCE POUR 1909**, publié sous la direction de PAPUS. Un vol. in-16 illustré. — **0 fr. 75** au lieu de **1 fr.**

2° **Nos Maîtres :**

      LE DOCTEUR PAPUS, par PHANEG.
      STANISLAS de GUAITA, par MATGIOI.
      MATGIOI (A. de Pouvourville), par THÉOPHANE.
      VILLIERS DE L'ISLE-ADAM, par V.-E. MICHELET.

      Les quatre volumes, **6 fr.** au lieu de **8 fr.**

3° **LES SECRETS DE LA ROULETTE ET DES AUTRES JEUX** dévoilés par un KABBALISTE. — **2 fr.** au lieu de **3 fr.**

4° **LA PSYCHOLOGIE DU GOUT,** par le COMTE DE LARMANDIE.
      0 fr. 75 au lieu de **1 fr.**

Enfin, pour les cent premiers souscripteurs, nous offrons **LE TAROT DIVINATOIRE** de PAPUS à **4** francs au lieu de **6 fr.** — Joindre **0 fr. 50** pour envoi sous pli recommandé.

PRIME OFFERTE

A SES LECTEURS

par *l'Almanach de la Chance et de la Vie Mystérieuse*

BON POUR UNE CONSULTATION ONOMANTIQUE

(L'avenir et le caractère par les noms)

du Pr ELVIR, CRÉATEUR DE LA SCIENCE ONOMANTIQUE

pour 1 fr. 50 au lieu de 3 fr.

Découper ce bon, et l'adresser avec 1 fr. 50, en timbres, mandat ou bon de poste, au Directeur de la Librairie Hermétique, 4, rue de Furstenberg, Paris.

Indications à fournir :

Les deux premiers prénoms et autant que possible le nom de famille.

La consultation sera adressée franco, sans aucune marque apparente, dans les quinze jours qui suivront la demande. Ecrire lisiblement nom et adresse.

PRIME OFFERTE

A SES LECTEURS

par *l'Almanach de la Chance et de la Vie Mystérieuse*

TALISMANS PLANÉTAIRES

à 2 fr. 50 au lieu de 5 fr.

Toute personne qui découpera ce bon et qui l'enverra au Directeur de la Librairie Hermétique, 4, rue de Furstenberg, en l'accompagnant de 2 fr. 50, en timbres, mandat ou bon de poste, recevra son talisman planétaire, qui la protégera dans la vie, et la gardera des deuils, des malheurs et des maladies.

Indications à fournir:

Date de naissance, prénom, heure de la naissance (ou à son défaut la date d'un grand événement de la vie), marié ou célibataire.

Le talisman est adressé franco, sans aucune marque apparente, avec toutes les instructions, dans les 15 jours qui suivent la demande. Écrire lisiblement nom et adresse.

PRIME OFFERTE

A SES LECTEURS

par *l'Almanach de la Chance et de la Vie Mystérieuse*

Bon pour une Consultation Astrologique

(PASSÉ, PRÉSENT AVENIR)

de Madame DE LIEUSAINT, LA CÉLÈBRE ASTROLOGUE

Pour 1 fr. 50 au lieu de 3 fr.

Découper ce bon, et l'adresser avec 1 fr. 50, en timbres, mandat ou bon de poste, au Directeur de la Librairie Hermétique, 4, rue de Furstenberg, Paris.

Indications à fournir

Prénom. . . . . Date de naissance . . . .
Heure (à son défaut la date d'un grand événement de la vie) . . . .
Lieu de naissance . . . .
Célibataire ou marié. . . . .

La consultation sera adressée franco, sans aucune marque apparente dans les 15 jours qui suivront la demande. Écrire lisiblement nom et adresse.

PRIME OFFERTE

A SES LECTEURS

par *l'Almanach de la Chance et de la Vie Mystérieuse*

Bon pour une Consultation Graphologique

(LE CARACTÈRE PAR L'ECRITURE)

du Professeur DACK, LE CÉLÈBRE GRAPHOLOGUE

Pour 1 fr. 50 au lieu de 3 fr.

Découper ce bon, et l'adresser avec 1 fr. 50, en timbres, mandat ou bon de poste, au Directeur de la Librairie Hermétique, 4, rue de Furstenberg, Paris.

Document à fournir

Une lettre écrite couramment, sans application et autant que possible une signature. Une enveloppe de lettre n'est pas un document.

La consultation sera adressée franco, sans aucune marque apparente dans les 15 jours qui suivront la demande. Ecrire lisiblement nom et adresse.

TABLE DES MATIÈRES

Introduction, par Papus. 3

Almanach de la Chance pour chaque jour de l'année 1910. 5

Tableau de lecture pour l'Almanach Astrologique 19

Almanach Astrologique pour 1910. 20

Calendrier Perpétuel, par Ch. Bussy 22

Horoscope de l'année 1910, par Phaneg 23

Influences générales des facteurs de l'Astrologie. 26

L'Initiation 28

Le Secret des Signes de la Femme 29

La Vie Mystérieuse 30

La Main de Fatime 31

La Chance et les Lignes de la Main. 34

Peut-on communiquer avec les morts ? — Le Bureau Julia, par Papus. . 35

Correspondances de chance pour l'établissement des Talismans . . . 38

Magnétisme. Hypnotisme, par le professeur Donato 39

Adieu, Mandine, conte télépathique, par A. Savine. 44

La graphologie des jeunes filles, par Papus 49

Librairie Hermétique : Publications récentes. 55

Primes et Bons de consultations. 59

TOUS SPIRITES HYPNOTISEURS MAGNÉTISEURS

Avec nos **Remarquables Appareils** pour la plupart inconnus en France et permettant à chacun d'obtenir sans aucune étude particulière, aucune aptitude ni pouvoir supérieur, tous les phénomènes du sommeil hypnotique et les résultats les plus extraordinaires réalisés par les plus éminents spécialistes. Puisque tout s'obtient par le magnétisme, chacun peut désormais, grâce à nos appareils, recueillir les bienfaits immenses de cette science merveilleuse : *Influence personnelle, Santé, Amitié, Amour, Domination*, jusqu'à la suprême puissance et le triomphe sans limite de la volonté.

Demandez le catalogue illustré envoyé gratuitement de tous nos appareils : **Miroirs hypnotiques** ; depuis 30 fr. ; **Miroirs rotatifs électriques pour l'hypnose** ; **Appareil frontal** ; **Boule hypnotique démontable** depuis 3 fr. 50 ; **Fascinateur pour le regard**, 1 fr. 25 ; **lames, plastrons magnétiques** depuis 5 fr. ; **Barreau pour magnétiser les boissons** ; **Planchette à médium extra-légère nouvelle création** ; **Guéridon avec alphabet** ; **Baguette magique** ; **Miroir magique** ; **Instruments pour l'alchimie** ; **L'astrologie** ; **La magie** ; **Appareils pour médecins et professionnels**, etc.

A. TISSERAND
SPÉCIALISTE

39, rue Blanqui, CAUDEBEC-LES-ELBEUF (Seine-Inférieure).

VOULEZ-VOUS VOULEZ-VOUS RÉUSSIR VOULEZ-VOUS
CHANCE SUCCÈS *Profitez de cette offre* AVENIR HEUREUX

Voulez-vous vaincre la fatalité, voir tous vos projets s'accomplir, posséder tout ce que vous désirez, attirer et conserver vers vous une affection, voir vos espérances et vos rêves se réaliser ; en un mot voulez-vous réussir toujours et partout, demandez ma curieuse brochure qui vous sera adressée **GRATIS et FRANCO** sur demande adressée au professeur **FERRAND, 22 et 24, rue de la Fontaine-au-Roi, Paris.**

Grâce au pouvoir mystérieux qui vous sera révélé, vous réussirez au-delà de vos espérances.

VOTRE AVENIR

VOTRE AVENIR

www.ingramcontent.com/pod-product-compliance
Lightning Source LLC
LaVergne TN
LVHW082238170726
843503LV00011B/4469